GÜTERSLOHER
VERLAGSHAUS

Gütersloher Verlagshaus. Dem Leben vertrauen

Christina Bylow

Familienstand:
Alleinerziehend

Plä   ~~~ eine **starke Lebensform**

Gütersloher Verlagshaus

Inhalt

Vorwort

Etwa 1,6 Millionen Menschen erziehen ihre Kinder in Deutschland allein. Neunzig Prozent davon sind Frauen, und es ist die arme alleinerziehende Mutter, die zum Inbegriff dieser Familienform geworden: ein Schreckensbild, das alles andere als Anerkennung auslöst. In jüngerer Zeit häufen sich die Diskriminierungen Alleinerziehender als defizitäre »Restfamilie«. Über die Ursachen für die unbestreitbaren Schwierigkeiten, in Deutschland mehr oder weniger allein ein Kind großzuziehen wird selten gesprochen. Ebenso wenig wird wahrgenommen, dass alleinerziehende Frauen den Lebensunterhalt für sich und ihre Kinder viel häufiger selbst bestreiten als Frauen in Ehen und Lebensgemeinschaften.

Wie kann es sein, dass eine so große, in sich keineswegs homogene Gruppe auf solche Weise dargestellt wird? Ist es die Arroganz der Mehrheit gegenüber einer Minderheit, die allerdings explosiv wächst?

Empörung erspart noch lange keine Recherche. Über viele Jahre habe ich Informationen über die unterschiedlichen Facetten dieser Familien gesammelt, habe gelesen, beobachtet, zugehört. Das vorliegende Buch kann und will keine repräsentative Studie sein. Aber die Schieflage, in der sich viele Alleinerziehende befinden, ist so offenkundig, dass dafür nicht Hunderte von Frauen und Männern befragt werden müssen. Ich hatte das Glück, dass mir im Laufe der Jahre viele Menschen ihre Erfahrungen berichtet haben. Ihnen danke ich. Ihr Mut, ihre oft auf die Probe gestellte Kraft, ihre ungeheuren Leistungen und die Liebe zu ihren Kindern zu beschreiben, hat mich mehr interessiert, als mich an ihren Kritikern abzuarbeiten. Nichts an diesen Familien ist »defizitär«, sie sind nur eine von vielen Erscheinungsformen von Familie. Die Mutter-Vater-Kind-Familie befindet sich bekanntlich im Umbruch, gerade die lauten Töne ihrer Verteidiger deuten darauf hin. Auch das Alleinerziehen selbst verändert sich – denn auch getrennte Väter werden in Zukunft mehr ins Alltagsgeschäft der Kindererziehung eingebunden sein, und das ist eine gute Nachricht.

Berlin, im Februar 2011 *Christina Bylow*

1. Verantwortung ist schön, macht aber viel Arbeit
Warum Alleinerziehen weiblich ist

Eine Einschulungsfeier in einer Grundschule in Berlin-Kreuzberg. Aufgeregte Zweitklässler toben zu Hip-Hop-Rhythmen über die Bühne, bestaunt von den fünfjährigen Neulingen mit ihren überdimensionalen Schultüten. Der Rektor verspricht, kein Kind werde in den kommenden sechs Jahren das Gebäude verlassen, ohne lesen und schreiben gelernt zu haben. Spärlicher Beifall, kein Lachen. Ein Großteil der Eltern dieser Erstklässler sitzt wie eine Trauergemeinde auf den Treppen der Aula. Eine Frau weint und wird von einer anderen getröstet. Ein Mann hält die Videokamera vors Auge wie einen Schutzschild. Es sind Väter und Mütter ohne jedes Anzeichen von Verbundenheit. Reglos, den Blick auf das Kind gerichtet, Distanz wahrend, während das Kind mal zum einen, mal zum anderen läuft. Eine Sitzordnung wie einst in der katholischen Kirche würde zu diesen Eltern passen: Hier die Männer, da die Frauen.

Die Adressenliste, die nach dem ersten Elternabend verteilt wird, bestätigt das Bild: Die Hälfte der vierundzwanzig Kinder lebt nicht gemeinsam mit Mutter und Vater zusammen. Bei vielen liegt die Trennung nicht lange zurück, ein, zwei Jahre, manchmal nur ein paar Monate. Die meisten Eltern, sagen Scheidungsforscher, trennen sich, wenn das erste Kind etwa fünf Jahre alt ist. Der nächste Trennungsschub setzt mit der Pubertät der Kinder ein. Die Wunden sind offen, der Schmerz steht vielen ins Gesicht geschrieben. Fassungslos sind sie über das Ende dessen, was Soziologen »Kernfamilie« nennen. Vor allem die Frauen erzählen einander in einer vielleicht etwas überhasteten Vertrautheit vom »Scheitern« ihrer Familie. Als amputiert betrachten sie sich, gelähmt angesichts dessen, was ihnen nun allein bevorzustehen scheint. Dem Kind Sicherheit vermitteln, auch wenn sie sich selbst auf schwankendem Boden fühlen, die Nachtschichten im Krankenhaus organisieren, die Doktorarbeit schreiben, genügend Geld heranschaffen, sich weiterbilden, den Kindes-Unterhalt einfordern – und das mussten nicht wenige, auch die schlecht bezahlte freie Grafikerin, deren Sohn einen Oberarzt zum Vater hatte.

Morgens um acht, in der kurzen Atempause zwischen Schulbeginn und dem Weg zur Arbeit, bricht sich in den umlegenden Cafés Bahn, was eigentlich nicht an den Beginn eines Tages gehört. Dass der Vater, ein Anwalt, der auf dem Elternabend so engagiert für die Einstellung englischsprachiger Erzieher plädiert, die Mutter der gemeinsamen Tochter geschlagen hat, bis sie zur Polizei ging. Dass eine vom Vater getrennt lebende Mutter ihr Kind binnen weniger Tage verließ, als sie mit ihrem neuen Mann nach Italien zog. Ein Mann triumphiert, weil er seiner Exgattin, einer türkischen Wissenschaftlerin, die nächste Karrierestufe vermasselt hat. Sie hat eine Professorenstelle in Istanbul angeboten bekommen, die kann sie annehmen, aber die Kinder bleiben dann bei ihm. So entschied ein deutsches Gericht. Der Frau zerreißt es das Herz. Sie bleibt und verzichtet auf die Professur. Er lässt den sechsjährigen Sohn auch mal eine halbe Stunde allein im Auto, wenn er die Tochter vom Fußball abholt. So etwas kriegt ein Gericht nicht mit.
Wer zwischen die Fronten gerät, muss zusehen, dass er in Deckung geht. Frisch getrennte Paare teilen die Welt in Freund und Feind. Sie sind süchtig nach Loyalität.
Aber es gibt auch die Variante der etwas zu forciert vorgetragenen Autonomie: Eine Frau präsentierte sich auf dem Eltern-

abend mit dem Satz: »Mein Status ist alleinerziehend«, als wäre sie gerade zur Vorstandsvorsitzenden eines Konzerns gewählt worden. Was sie damit sagen wollte, blieb offen. Hieß das, dass sie sich an der vom Rektor gewünschten Mitwirkung der Eltern weniger beteiligen könne? War es ein Aufruf zur Solidarität mit anderen alleinerziehenden Müttern oder wollte sie damit Verständnis wecken für ihre Tochter, die in den ersten beiden Jahren die Lehrer und Erzieher auf Trab hielt, bis sie sich mit neun Jahren beruhigte? Den Posten als Elternsprecherin – niemand riss sich darum – gab sie nach eine Woche wieder ab. Sie habe sich übernommen. Die Rechtsanwältin gehörte zu den Müttern, die schon vom ersten Lebensjahr des Kindes an alles alleine machten. Geld verdienen, Kind erziehen. Ein Vater trat nicht in Erscheinung, nicht in der Klassenliste und auch nicht beim Bringen, Abholen, bei Elternabenden und Schulfesten.

Frisch getrennte Eltern erscheinen nie besonders anziehend. Sie sind wütend, verzweifelt, noch voller Zorn über den Anderen, dem sie die Schuld für das Zerbrechen ihres Familienbilds vorwerfen. Wer es hören will, erfährt von Demütigungen und Verrat. Von dem Vater, der kaum Unterhalt für das erste Kind zahlte, sich aber eine Eigentumswohnung gekauft hatte, in die er mit neuer Frau und neuem Baby einzog. Eine Frau hatte den Alptraum schlechthin erlebt: Ihr Freund und Vater ihrer damals vierjährigen Tochter hatte sie mit ihrer besten Freundin betrogen. Kurz nach dem Ende der ersten Familie heiratete er die Rivalin, bekam mit ihr drei Kinder und obendrein eine Stelle als Psychologe, während die Mutter mit dem ersten Kind von Hartz IV lebte. Auch dieser Vater blieb den anderen Eltern ein Phantom. Er wohnte in Hannover, die Tochter fuhr schon mit sieben Jahren jedes zweite Wochenende mit dem Zug alleine von Berlin hin und zurück, weil der Vater es so wollte und die Mutter irgendwann nachgab. Das Mädchen war ein außergewöhnlich begabtes und, wie der Klassenlehrer befand, »schwer zu führendes Kind«. Am Ende der vierten Klasse, als die akademisch gebildeten Mütter und Väter, die den Abstieg fürchteten wie ihre Eltern einst die atomare Verseuchung oder den Kommunismus, ihre Kinder auf eines der begehrtesten Gymnasien Berlins bringen wollten, gehörte dieses Mädchen zu den wenigen, die dort angenommen wurden. Es gab Fälle von Verwahrlosung in dieser Klasse. Ein Junge litt im Drei-Monats-Turnus an Kopfläusen. Wenn die Lehrer die beiden getrennten Elternteile auf ihren Handys anriefen, um sie zu bitten, den Sohn abzuholen, war keiner erreichbar. Einmal erwischte eine andere Mutter, deren Sohn neben dem Jungen saß, den Vater doch am Telefon. Er weigerte sich, den Sohn von der Schule abzuholen. »Ich hab ja kein Sorgerecht«, sagte der Mann.

Am Ende der Grundschulzeit hatten sich von den Mutter-Vater-Kind-Familien noch einmal einige getrennt. Die Kernfamilien waren nun in der Minderheit. Unter den alleinerziehenden Müttern hatten die beiden Jüngsten noch einmal ein, zwei Kinder mit anderen Männern bekommen. Ein paar der getrennten Väter waren noch einmal Vater geworden, sie versuchten es nun mit der jüngeren Generation. Eine Frau zog nach London, weil sie dort eine Stelle als Dolmetscherin fand und nahm ihre Tochter mit. Der Vater blieb in Berlin. Ein anderer Vater nahm den Sohn mit nach München, die kleine Schwester blieb bei der Mutter in Berlin. Unter den getrennten Eltern kümmerte sich nur ein Vater allein um sein Kind. Der, dessen Exfrau nach Italien ausgewandert war. Er fand bald eine neue Lebensgefährtin, was manche der vielen alleinerziehenden Solo-Mütter um die Vierzig mit Wehmut sahen.

Exotische Verhältnisse? Ein Liebes- und Familien-Chaos, wie man es von Kreuzberg nicht anders erwartet? Wenig repräsentativ für den Rest der Republik? Berlin ist die Hauptstadt der Alleinerziehenden, das stimmt. Jedes dritte Kind wächst in Berlin bei einem alleinerziehenden Elternteil auf. Aber Berlin ist kein Sonderfall, sondern Avantgarde. Hier zeichnet sich nur deutlicher als anderswo ein gesellschaftlicher Wandel ab, der sich seit Jahrzehnten in Deutschland vollzieht und der das Bild von Familie grundlegend verändern wird. Die Zahl der Alleinerziehenden in Deutschland stieg im Zeitraum von 1996 bis 2009 um 20 Prozent an: von 1,3 Millionen auf 1,6 Millionen. Das sind bundesweit 19 Prozent aller Familien mit Kindern. Berlin führt mit 32,2 Prozent, dicht gefolgt von Bremen und Sachsen-Anhalt. Schlusslicht ist Baden-Württemberg, aber auch hier sind es immerhin 14,7 Prozent. Der Mikrozensus des Statistischen Bundesamts, veröffentlicht am 29. Juli 2010[1], vermisst den gesellschaftlichen Umbruch detailliert. Neun von zehn Alleinerziehenden sind Frauen. Ihre Ausbildungs- und Altersmerkmale wurden im Juli 2009 im Wirtschaftsteil der »ZEIT« beschrieben: »Siebzig Prozent sind mindestens 35 Jahre alt, nur sechs Prozent sind jünger als 25. Auffällig ist, dass sich der Bildungsstand der alleinerziehenden Eltern kaum vom Rest der Bevölkerung unterscheidet. Elf Prozent von ihnen sind Akademikerinnen – kaum weniger als bei den Müttern, die mit einem Partner zusammenleben (13 Prozent). 23 Prozent der alleinerziehenden Frauen haben keinen Berufsabschluss – kaum mehr als bei den liierten Müttern (21 Prozent).«[2]

Entgegen des seit Jahren festgeklopften Bildes der Alleinerziehenden als notorischer Hartz-IV-Empfängerin und ebenso raffinierter wie defizitärer Existenz, wie es im Januar 2010 in der FAZ nachzulesen war[3], verdienen immerhin 58 Prozent der alleinerziehenden Frauen das Geld für sich und ihre Kinder selbst. Sie sind deutlich häufiger in Vollzeit beschäftigt als Mütter in Kernfamilien: 42 Prozent gegenüber 27 Prozent der verheirateten oder in Partnerschaft lebenden Mütter. Dennoch sind alleinerziehende Frauen überdurchschnittlich stark von Armut bedroht. In Deutschland mehr als in anderen Industrienationen. Der Soziologe Heinz Bude stellt in seinem Essay »Die Ausgeschlossenen« fest: »Als skandalös erweist sich der Vergleich mit anderen Wohlfahrtsstaaten. So müssen in skandinavischen Ländern nur etwa zehn Prozent alleinerziehender Mütter mit weniger als der Hälfte des bedarfsgewichteten Durchschnittseinkommens auskommen, in Deutschland mehr als ein Drittel.«[4]

Budes Formel von der »Feminisierung der Armut« lässt sich statistisch belegen: 40 Prozent aller alleinerziehenden Mütter lebt von Hartz IV.[5] Mehr als die Hälfte der Mütter, 54 Prozent, mit kleinen Kindern hat ein Netto-Einkommen unter 1100 Euro monatlich. Zum Vergleich: Als pfändungsfreies Existenzminimum eines Erwachsenen gelten 990 Euro. Unter den alleinerziehenden Vätern mit kleinen Kindern haben nur 36 Prozent ein so geringes Einkommen. Die Zahl der alleinerziehenden Väter sinkt ohnehin kontinuierlich, 1996 waren es noch 13 Prozent, heute nur noch zehn Prozent. Alleinerziehende Väter betreuen vorwiegend ältere Kinder, was ihre Möglichkeiten auf dem Arbeitsmarkt erleichtert. »Allein erziehen ist Frauensache« folgert das Statistische Bundesamt.[6] Die Zukunft, die »Der Tagesspiegel« mit der Überschrift »Alleinerziehen bleibt Frauensache« suggeriert, sieht aber vielleicht doch anders aus.[7] Die Rechtslage für Väter hat sich innerhalb von zwölf Jahren in großen Schritten verbessert. Seit 1998 gilt nach Scheidungen grundsätzlich das gemeinsame Sorgerecht. Ledige Väter konnten das Sorgerecht ebenfalls seit 1998 gemeinsam mit der Mutter ihres Kindes über eine gemeinsame Sorgeerklärung ausüben, waren allerdings bis zum 2. August 2010 juristisch machtlos, wenn sie das Sorgerecht gegen den Willen der Mutter erlangen wollten. Das Umgangsrecht hatten die ledigen Väter, unabhängig vom Sorgerecht. Seit der Entscheidung des

Bundesverfassungsgerichts zur Sorgerechtsreform am 2. August 2010 brauchen die ledigen Väter nicht mehr die Zustimmung der Mutter. Wie sie das gemeinsame Sorgerecht erlangen – ob automatisch mit Anerkennung der Vaterschaft oder ob sie einen Antrag stellen müssen, war während der Arbeit an diesem Buch noch nicht gesetzlich entschieden. Ein Blick auf eine heftige Debatte folgt in einem späteren Kapitel.

Auch in wirtschaftlicher Hinsicht hat sich für Väter einiges verbessert. Die Unterhaltsrechtsreform im Januar 2008 schaffte den nachehelichen Unterhalt weitgehend ab. Mütter müssen nach der Scheidung nun selbst für sich sorgen, nur der Kindesunterhalt blieb unangetastet. Warum leben Kinder nach der Scheidung vorwiegend bei den Müttern – obwohl doch beide das Sorgerecht haben? Der weitaus größte Teil der alleinerziehenden Mütter war zuvor mit dem Vater der Kinder verheiratet[8] oder lebte mit diesem zusammen. Immerhin 60 Prozent der ledigen Eltern erklärten die gemeinsame Sorge.[9] An der Rechtslage allein kann es nicht liegen, dass neunzig Prozent der Alleinerziehenden Frauen sind.

Aber wo sind die Väter? Diese Frage durchzog auch eine Konferenz der Friedrich-Ebert-Stiftung am 10. Februar 2010 mit dem Titel: »Allein erziehend, aber nicht allein gelassen«. Der Vertreter des Väteraufbruchs forderte ein Umdenken: »Weg von der Einstellung Väter zahlen, Mütter betreuen, hin zu moderneren Rollenbildern, bei denen Väter und Mütter gemeinsam Verantwortung übernehmen.«[10] Ja, wenn sie denn zahlen, muss man hinzufügen. »An 500 000 alleinerziehende Mütter musste der Staat im Jahr 2008 Unterhalt zahlen, weil die Väter verschwunden waren oder die Unterstützung verweigerten. Bund und Länder kostete das 846 Millionen Euro.«[11] Die »Süddeutsche Zeitung« vom 24./25. April 2010 spricht schon von einer Milliarde Euro,»mit der der Staat einspringt, weil Väter abtauchen oder sich armrechnen«.[12] Der Unterhaltsvorschuss wird insgesamt nur sechs Jahre lang bezahlt. Wenn das Kind 12 Jahre alt ist, fällt die ohnehin geringe Summe ganz weg. Dann, wenn die Kinder richtig teuer werden.

Das moderne Rollenbild ist eine Zukunftsvision. Von der »leisen Revolution«, die Ursula von der Leyen, einst Familienministerin, sich von der Elternzeit für Väter versprach, ist nicht viel übrig geblieben. Eine neue Studie der Universität Tübingen fand heraus, dass Väter nur zwei Monate Elternzeit nehmen, weniger als vor der Reform. Je größer der Verdienst des Mannes, desto geringer sein Interesse, in Elternzeit zu gehen.[13] Es bleibt über viele Jahre häufig bei der alten Rollenverteilung. Die Frau kümmert sich um das Kind, und wenn dieses etwa 18 Monate alt ist, verdient sie etwas zum Familieneinkommen hinzu. Ein riskantes Modell – für die Frau. Denn wehe, wenn der Hauptverdiener geht. Auf Versorgungsansprüche wie die Müttergeneration vor ihr kann sich heute keine Mutter mehr verlassen. Und auf väterliches Verantwortungsgefühl? Vielleicht. Wenn das Kind Glück hat. Noch immer verlieren viele Kinder in den ersten Jahren nach der Trennung den Kontakt zum Vater. »Manchmal (…) legen die Mütter ihren Ex-Partnern eher Steine in den Weg, anstatt den Umgang zu fördern«, schreibt ein Journalist.[14] In den Kampagnen der Väterverbände werden Einzelfälle zum Standardverhalten der Mütter hochstilisiert.

Verantwortung ist schön, macht aber viel Arbeit. Das Triumphgeschrei nach dem Verfassungsurteil zum Sorgerecht für ledige Väter wird vielleicht verstummen, wenn diese Sorge denn auch so eingefordert wird, wie es die Schriftstellerin Julia Franck vorschlägt. Auf die Frage »Was ist heute ein guter Vater« antwortet sie:

»Ein guter Vater muss heute die Mutter seiner Kinder weder lieben noch mit ihr leben, er muss sie nicht versorgen und unter seine Fittiche nehmen, damit sie diejenige ist, die seine Kinder umsorgt, liebt und füttert, während er jagt. Der gute Vater von heute (ähnlich der Mutter) genießt selbst die Zeit mit seinen Kindern, das Glück ihre ersten Schritte zu beobachten, die Sorge um ein nachts fieberndes Kind. Er wechselt ihnen die Bettwäsche und macht mit ihnen eine Läusekur. (...) Ein heutiger Vater bringt seine Kinder auch mal morgens zur Schule, denn er hat sie regelmäßig, selbst wenn getrennt lebend, jede Woche bei sich. Rapide verändert der Begriff ›alleinerziehend‹ seine Bedeutung: Wo eine Mutter dies ist, ist es meist der dazugehörige Vater zugleich. Vielleicht verwenden wir von heute an das Wort ›getrennterziehend‹ oder verzichten ganz auf diese Unterscheidung.«[15]

Ein schönes Zukunftsmodell. Getrennt vereint. Ein Leben für Kinder, befreit von allen Rollenklischees. Gleichermaßen verantwortlich, gleichermaßen verlässlich. Doch Julia Francks Beschreibung ist eine Wunschvorstellung, das weiß sie selbst. Im Jahr zuvor wurde sie in der ZEIT noch als Alleinerziehende präsentiert. Gelebt wird Francks Gleichheits-Ideal höchstens von ein paar getrennten Eltern im Berliner Biotop cooler junger Familien, in Prenzlauer Berg. Aber auch dort sieht die Wirklichkeit eher so aus, wie sie eine große Reportage in der »tageszeitung«[16] schildert. Auf der Titelseite wurde der Artikel unter der Schlagzeile »Bionade schützt vor Scheidung nicht« so angekündigt:
»Postfeminismus. Sie sind jung, gut ausgebildet und arm – die Mütter vom Prenzlauer Berg. (...) Vierzig Prozent der Frauen im Berliner Szenebezirk sind alleinerziehend. Mit der Trennung vom Partner stecken sie in der Geschlechterfalle, der ihre Mütter einst entkommen wollten.«

Die Reportage beschreibt den Verlust an Lebensstandard, wie er sich beim Einkaufen (Billigdiscounter statt Wochenmarkt) und Wohnen, aber auch dem mühevoll zusammengescharrten Geld für Musik- und Sportstunden der Kinder niederschlägt. Die Väter bleiben hier Schattenfiguren. Nach der Trennung ebenso wie vorher. Eine der Frauen beschreibt es so: »Solange das ganze Familienprogramm entspannt und easy abläuft, sind die Männer dabei.«[17] Den Männern werde es aber schnell zu viel, wenn die Kinder kompliziert werden. »Das Verantwortungsgefühl für die eigene Familie ist einem geradezu zwanghaften Drang nach Selbstverwirklichung gewichen«[18], stellt eine der Frauen fest. Ein Vorwurf, den die »Emanze« der 70er Jahre bis zur Neige gehört hat.

Sehr geschickt wenden die Verantwortungsflüchtigen unter den Männern die Forderung nach traditionellen Werten wiederum gegen die Frauen. Es falle den Vätern »offenbar nicht so schwer, das konventionelle Familienmodell, wenn es zu stressig wird, als überholt zu deklarieren und sich rauszuziehen.« Wobei das »konventionelle Modell« der Eltern- und Großelterngeneration dem Vater schon immer Freiraum schuf. »Konventionell« meint hier wohl eher verbindlich. Diese Verbindlichkeiten gelten nicht mehr.

Die Autorin Jana Hensel hat die Kluft zwischen Realität und Inszenierung des Vatersein in einem Essay beschrieben. Die Statistik beweise: »Nach der Elternzeit kehren die neuen Väter an ihre Arbeitsplätze zurück, als sei nichts gewesen.«[19] Eine Evaluation des Familienministeriums belegt: »Fast 90 Prozent der Väter nehmen die alte Arbeit uneingeschränkt wieder auf. Damit wird die männliche Beschäftigungsquote vor der Geburt auch hinterher wieder erreicht.« Wenn Jana Hensel fleht: »Wann werden die symbolischen Väter zu realen Vätern? Wann wird für sie der Entschluss, eine Familie zu gründen, auch einen realen Verzicht, Einschnitte und Kompromisse nach sich ziehen?«[20], möchte man ihr auf Großmutter-Art antworten: Kind, die Männer ändern sich nicht. Oder: dann lass ihn doch machen. Dieses »Warum immer ich?« gehört offenbar zum Muttersein wie eh und je.

Es ist doch so: Die väterliche Vollbeschäftigung in der Erwerbsarbeit lässt sich mit Julia Francks Vorschlag vom »Getrennt erziehen« für Väter offenbar nicht vereinbaren. Jana Hensels Beobachtung, nach der Trennung hole ein Vater die Kinder nun plötzlich zwei Mal in der Woche von der Kita ab, ist für viele Kinder und alleinerziehende Frauen Illusion. Weil die Mütter es nicht wollen? Weil sie in ihren Allmachtsfantasien jedes väterliche Engagement abschmettern? Jene Mütter, die ihre Kinder als Faustpfand betrachten, sind heute sicherlich eine Minderheit und werden gesellschaftlich und medienweit geächtet, so flächendeckend, dass der Eindruck entstanden ist, jede alleinerziehende Mutter entfremde das Kind seinem Vater. Inzwischen schwant auch äußerst eigenmächtigen Müttern – die es ebenso gibt wie eigenmächtige Väter –, dass Kinder ihre Väter brauchen und ein Recht auf sie haben – was per Zwangsgeld und Sorgerechts-Entzug eingefordert werden kann. Vaterlosigkeit, das wissen alleinerziehende Frauen, verursacht nicht nur Leid, sondern macht auch viel Mühe. Da gibt es keinen freien Abend, kein Wochenende mit dem neuen Freund, ganz zu schweigen von der Herausforderung, knapp vier Monate Schulferien im Jahr als Berufstätige allein zu bewältigen.

Manchmal wirft ein Blick in eine nicht allzu ferne Vergangenheit Licht ins Dunkel der ungelösten Fragen. Einer der ersten »neuen« und »realen« Väter, der Journalist Christian Nürnberger, erinnerte sich noch vor dem Väterbuch-Boom über seine drei Jahre dauernde Elternzeit zu Hause, vom Säuglingsalter bis zur Trotzphase:»In meinem Baby sah ich weniger ein süßes Etwas, das ich dauernd herzen wollte, als vielmehr ein Päckchen Arbeit, das mich an die Grenze der körperlichen und nervlichen Belastung brachte. Statt eines fröhlich glucksenden Babys hielt ich ein schreiendes Triebbündel in der Hand, das jedem Versuch, es zu zivilisieren, hartnäckig widerstand.«[21] Ein Horrorszenario – für Vater und Kind. Wie mag das heute vierzehnjährige Wesen in den doch so prägenden ersten Lebensmonaten soviel väterlichen Stress überstanden haben? Einer Mutter, die so klagt, hätte man sicherlich eine postnatale Depression und entsprechende Defizite in ihrer Bindungsfähigkeit unterstellt. Wenn dieser Vater dann auch noch hinzufügt,»Frauen sind von Natur aus besser auf die neue Situation vorbereitet und darum einfach die besseren Säuglingspfleger«[22], deutet sich schon die biologistische Rollenzuschreibung an, mit der heute wieder ungeniert hantiert wird, wo immer es um Männer, Frauen, Familien und Kinder geht.

Frauen sind nicht alleinerziehend, weil die Natur das so möchte. Sie haben etwas auf sich genommen, was neunzig Prozent der Männer nicht auf sich nehmen. Deshalb kommen alleinerziehende Väter in diesem Buch nur selten vor. Einer von ihnen spricht aus, warum alleinerziehende Männer eine so rare Spezies sind:»Für Kinder da zu sein, ist eben eine Arbeit, bei der es nichts zu gewinnen gibt.«[23] Gewinn im Sinne von Ansehen, Einfluss und Geld – die alltägliche Präsenzpflicht gegenüber Kindern bremst da nur. Jedenfalls in Deutschland.

Vielleicht aber ist die alleinerziehende Mutter eine Übergangserscheinung – ein wenig wie die Trümmerfrau, die ebenfalls eine Leerstelle ausfüllte. Wenn der Journalist Patrik Schwarz schreibt»Bis heute aber überdeckt die Stärke der anwesenden

Frauen fast en passant die Schwäche der abwesenden Männer«[24], ist das ein Satz, der sich auf die Lebensleistung alleinerziehender Mütter übertragen lässt. Deren Stärke allerdings ist zwiespältig: Einerseits wird sie für selbstverständlich gehalten und auch ebenso selbstverständlich genutzt, andererseits fordert die Kraft und das Selbstbewusstsein der Frauen eine offen zur Schau getragene Aggression von Männern – aber auch von traditionell lebenden Frauen – heraus. Die Väter- und Leserbrieforen im Internet sind inzwischen zur Arena eines des Geschlechterkampfs geworden, in der Männer, die sich abgehängt fühlen, ihrem Hass freien Lauf lassen. Nicht selten mischen sich rassistische Töne in ihre Tiraden gegen »die Mütterlobby«[25] und »Frau-konforme«[26] Väter. Von den Anfängen der Frauenbewegung haben sich solche Männer das Spiel mit dem Opferstatus abgeguckt. Gepaart mit Drohgebärden, die besonders maskulin daherkommen sollen, werden ihre anonymen Auslassungen zu einem ungenießbaren Gebräu. Ob solche Männer Kindern Mitgefühl und Friedfertigkeit vorleben? Sicher nicht, und wozu auch. Sie sehnen sich nach Zeiten, in denen Frauen noch Frauen und Männer noch Männer waren.

In einer solchen Wahrnehmung aber können alleinerziehende Frauen nur Täterinnen oder Opfer sein. Als Opfer sind sie allerdings weniger bedrohlich. Dafür nerven sie. Nicht jeden, aber immerhin den kritischen Medienkonsumenten Henryk M. Broder, der sie in einer Kolumne deswegen mit Tierschützern verkuppeln will. Die nerven ihn auch. »Hört auf mit Walfängern Katz und Maus zu spielen. (…) Kümmert euch lieber um die alleinerziehenden Mütter. Adoptiert sie! Heiratet sie! Tut was, damit sie daheim bleiben und sich um ihre Kinder kümmern können, statt im Fernsehen darüber klagen zu müssen, dass ihnen keiner hilft.«[27]

Die Frau, die entscheidet, ihre Kinder aufzuziehen, ohne mit dem Vater in einer Partnerschaft zu leben, ist ein neues Phänomen. Noch gibt es keinen Konsens darüber, was von ihr zu halten ist. Ist sie eine Heldin des Alltags oder ein armes Hascherl? Eine herzlose Karrieristin oder einfach »krank«, eines der Hauptattribute, mit denen alleinerziehende Mütter im Netz tituliert werden. Der Spannungsbogen zwischen Überhöhung und mehr oder weniger subtiler Bemitleidung findet sich in fast allen Berichten über alleinerziehende Mütter, selbst dann, wenn sie es in die »Tagesschau« schaffen.[28] Wenn der Leiter des Statistischen Bundesamts in der Tagesschau erzählt, dass die Reparatur einer defekten Waschmaschine für alleinerziehende Mütter ein Problem darstellt, ruft das nicht unbedingt Respekt hervor. Eine attraktive, gut gelaunte und selbstbewusste alleinerziehende Mutter korrigierte in der nächsten Einstellung das allgegenwärtige Elendsbild: Daniela Dräger, seit dem zweiten Lebensjahr ihrer Tochter voll berufstätig und inzwischen Gründerin eines Unternehmens für flexible Kinderbetreuung in Berlin. Für sie ist, so der Originalton des Berichts, »eine Woche Urlaub an der Ostsee drin«.[29] Wenn das nicht Abschreckung genug ist.

Dieses Buch betrachtet die Lebensrealität alleinerziehender Frauen jenseits der Schlagzeilen, Verkürzungen und Stereotype. Alleinerziehende Frauen sind so unterschiedlich wie andere Frauen auch, sie sind weder Heldin noch Mater Dolorosa, sie sind als Mutter nicht besser oder schlechter, depressiver oder optimistischer als andere Mütter auch. Sie sind in dieser Gesellschaft benachteiligt, weil sich die Ungerechtigkeit gegenüber Menschen mit Kindern in ihrem Fall stärker auswirkt als bei solchen in Ehen oder Lebenspartnerschaften. Viel wird über sie geschrieben, in diesem Buch kommen sie ausgiebig zu Wort.

2. Restfamilie, Unfallmodell
Alleinerziehende als Risikogruppe in der heilen Familienwelt

Eine Umfrage des jungen Familienmagazins »Nido« brachte es in seiner August-Ausgabe 2010 ans Licht: Mehr als die Hälfte aller Deutschen, nämlich 52 %, betrachtet ein Elternteil plus Kind nicht als Familie. Familie, meinen 95 % der Befragten, ist nur ein Ehepaar mit Kindern. Schlechter als die Alleinerziehenden schneiden nur Ehepaare ohne Kind, Unverheiratete ohne Kind und homosexuelle Lebensgemeinschaften ab. Das sitzt. Wer keine Familie ist, der hat auch kein Recht auf das dazugehörige Ansehen. Der Dauerbeschuss mit Bildern von Mutter-Vater-Kind-Familien in Werbung und Medien allein ist nicht daran schuld. Vielmehr haben sich über Jahre viele selbstberufene Stimmen daran beteiligt, Alleinerziehende zur übriggebliebenen Notgemeinschaft zu erklären. Dabei ist »Familie« einer der diffusesten Begriffe überhaupt. Die noch immer zum Idealmodell erklärte Kern-Familie entstand erst Mitte des 19. Jahrhunderts und war nur in Städten die Norm.

Der Philosoph Richard David Precht schreibt in seinem Buch »Liebe. Ein unordentliches Gefühl«: »Dem Wortsinn nach bedeutet die ›Familie‹ Hausgemeinschaft, allerdings nicht im Sinn von Vater, Mutter, Kind, sondern im Sinn von väterlichem Besitz. Auch Gesinde, Sklaven und Vieh gehörten bei den Römern zur Familie.«[30] Precht folgt den Erscheinungsformen der Familie quer durch die Jahrhunderte und gelangt zu den alleinerziehenden Müttern und Vätern von heute.

Was immer Magazin-Umfragen aussagen – vor allem allein-erziehende Mütter kennen die Momente, in denen sie ob ihres »Schicksals« bemitleidet oder einfach übersehen werden. Im Umgang mit ihr und ihrem Kind sind gerade wohlsituierte Mitbürger nicht zimperlich. Sei es, dass der alleinerziehenden Mutter einer Tochter am Rand einer Schulfeier gerne erzählt wird, wie gut die eigene Ehe ist und wie hilfreich der Ehe-Mann in der Alltagsorganisation. Sei es, dass ihr von einem Komplett-Elternpaar aus der Klasse der Tochter einfach ein englischer Austausch-Student ausgespannt wird. Sicher, die Alleinerziehende konnte dem jungen Mann nur einen kleinen Raum in ihrer Wohnung bieten. Da konterten die Komplett-Eltern, ein Ärztepaar, nach einer Woche mit Villa und Zimmer mit eigenem Bad. Auf die Idee, die Aktion mit der Mutter abzusprechen, kamen diese Eltern nicht.

Ihr Umgangsstil entspricht jener »Elternparanoia«, wie sie der englische Soziologe Frank Furedi[31] beobachtet. Erwachsene sind nur noch an ihren eigenen Kindern interessiert. In Konflikten oder selbst in Gefahrensituationen, in die andere Kinder verwickelt sind, greifen sie nicht ein. Sie helfen nicht, regen andere Kinder nicht an, kurz: sie sind nur auf ihren eigenen Nachwuchs fixiert. In jeder Schule ist dieses Phänomen mittlerweile zu beobachten, besonders in Prüfungszeiten oder vor einem Wechsel in weiterführende Schulen. Von der Elternparanoia befallene Erwachsene schrecken vor nichts zurück, um ihrem eigenen Sprössling Vorteile vor anderen zu verschaffen. Sie geben Informationen nicht weiter, und eher laden sie die Klassenlehrerin in die sonst so geschlossene Familie ein als ein fremdes Kind. Auf solche Eltern können Alleinerziehende verzichten und sie tun gut daran, nicht selbst in solche Verhaltensweisen zu verfallen. Sie brauchen ein tragendes Netzwerk – und schaffen sich dieses auch meist.

Die Herablassung gegenüber Alleinerziehenden und insbesondere gegenüber alleinerziehenden Müttern hat viele Ursachen. In einer Zeit, in der Sicherheiten zerbröckeln, gilt die Familie plötzlich wieder als feste Burg. Wie es hinter den Mauern aussieht, interessiert nicht mehr. Junge Frauen distanzieren sich vom Feminismus, ohne sich je mit dessen Komplexität und unterschiedlichen Ansätzen beschäftigt zu haben. Von den Erfolgen der Frauenbewegung profitieren sie hingegen gern[32] und halten ihre – im Vergleich zu ihren weiblichen Vorfahren – unabhängige Position allein für ihren eigenen Verdienst. Wenn diese Frauen Mutter werden, haben sie manchmal so etwas wie ein Erweckungserlebnis. Daniela Dräger etwa sagt: »In dem Moment, in dem ich Mutter wurde, habe ich mich nicht mehr gleichberechtigt gefühlt.« Das gilt für Frauen, die gewohnt waren, sich genauso zu entfalten wie Männer und sich nun mit einer riesigen Aufgabe allein gelassen sehen. Ob sie nun in Partnerschaften leben oder nicht. Eine Musikerin, von der später noch die Rede sein wird, sieht einen doppelten Sinn im Wort »Lebensaufgabe«: »Es bedeutet auch, Leben aufzugeben. Sich aufzugeben.« Jedenfalls in Gesellschaften, die Frauen mit einem überzogenen Mutterideal und auch daraus resultierender unzureichender Infrastruktur zur Kinderbetreuung traktieren.

Die französische Philosophin Elisabeth Badinter hat den Terror und die Folgen dieses Mutterideals auch für die demografische Entwicklung westlicher Gesellschaften in ihrem Buch »Der Konflikt. Die Frau und die Mutter«[33] eindringlich beschrieben. Sie diagnostiziert eine Rückwendung zu einem »Naturalismus«, der die Mutterrolle einerseits glorifiziert, ihr andererseits aber auch klare Beschränkungen auferlegt. Die Konsequenz ist – laut Badinter – die stumme Verweigerung gerade gut ausgebildeter Frauen, überhaupt noch Kinder in die

Welt zu setzen. Andere lassen sich dagegen allzu bereitwillig in die Aufopferungsideologie hineinziehen und fühlen sich allein durch die Mutterschaft aufgewertet. Die Berufswelt erscheint plötzlich sinnlos und oberflächlich, das Kind wird zu einem eigenen Projekt, an dem sich zumindest anfangs mehr gestalten lässt, als an mancher Akte. Ein Trugschluss, der diesen Frauen spätestens bei der Scheidung bitter aufstoßen wird. Wenn das Projekt misslingt, nach welchem Maßstab auch immer, muss sich manche das Scheitern ihres Lebenswerks eingestehen. Wer Kinder hat, weiß auch um die Grenzen der Erziehung.

Alleinerziehende können sich die Verpuppung im Mutterkosmos gar nicht leisten. Sie verdienen ihr Geld häufiger allein als Frauen in der Komplett-Familie. Dennoch werden sie zur Randgruppe stilisiert, zu Existenzen, von denen man sich besser fernhält, wenn man zur Mitte gehören will. Die ominöse Mitte giert offenbar nach Untergangsszenarien, wie sie Thilo Sarrazin, ehemals Vorstandsmitglied der Deutschen Bundesbank und SPD-Politiker, in seinem Bestseller »Deutschland schafft sich ab« beschreibt. Zu den Symptomen des Niedergangs gehören für Sarrazin auch die Alleinerziehenden.[34] Für ihn sind sie eine Gruppe, die minimiert werden muss. Gesellschaftliche Mit-Verantwortung für die Lage Alleinerziehender und ihrer Kinder sieht er nicht. Ironisch schreibt er:

»Machen die Kinder von Alleinerziehenden in pädagogischer Hinsicht Schwierigkeiten, so ist dafür die Gesellschaft verantwortlich, die den Alleinerziehenden nicht genügend Unterstützung gewährt. Dabei wäre doch zu fragen, welche gesellschaftlichen Umstände und individuellen Dispositionen dazu führen, dass es so viele Alleinerziehende gibt, und was man dagegen tun kann.«[35]

Alleinerziehende zu unterstützen führt zu deren Vermehrung, weil sie über staatliche Transferleistung ihr Einkommen verbessern. Alleinerziehend bleiben diese »bildungsfernen«, »transferabhängigen« und »überdurchschnittlich fruchtbaren« Frauen denn auch aus Gründen der materiellen Versorgung. Sarrazin lässt unbeachtet, was das Schreckensbild stört – nämlich jene 60 Prozent der Alleinerziehenden, die sich und ihre Kinder allein ernähren –, und greift sich gut 350 Seiten später die transferabhängige alleinerziehende Mutter unter der Überschrift »Fall I« heraus. Ein Mädchen ohne Hauptschulabschluss und Berufsausbildung, das früh Mutter wird und ihre finanzielle Lage von Kind zu Kind verbessert. (Übrigens sind nur 6 % der alleinerziehenden Frauen unter 25 Jahre alt.) Er folgert: »Zieht die Frau mit einem Partner zusammen, verschlechtert sich aus Gründen der Transferarithmethik der Lebensstandard. Das System prämiert das Fernbleiben vom Arbeitsmarkt und das Alleinerziehen, und es bestraft die traditionelle Familienstruktur.«[36]

Die Vorstellung prämierten Scheiterns geht auf eine Formulierung des Münchner Volkswirtschaftsprofessors Hans Werner Sinn zurück. Sie findet sich in einem vieldiskutierten Artikel der »Frankfurter Allgemeinen Sonntagszeitung« (FAS) mit dem Titel »Alleinerziehende. Die Hätschelkinder der Nation« vom Januar 2010: »Die staatliche Unterstützung nimmt den Charakter einer Trennungsprämie an.«[37] Alleinerziehende werden in diesem Artikel unter den Generalverdacht des Sozialbetrugs gestellt. »Hartz IV schafft nicht unbedingt Anreize, in eine Partnerschaft zurückzukehren«, so wird eine namenlose Sprecherin der Bundesanstalt für Arbeit zitiert. Die Autoren behaupten: »Eine alleinerziehende Hartz IV-Empfängerin wäre nicht nur dumm, sich offiziell wieder einen Partner zuzulegen. Es wäre auch unklug, wenn sie einen regulären Job annähme.«[38] Der Kieler Sozialphilosoph Wolfgang Kerstin zeichnet am Ende des Artikels das schon bekannte Untergangsszenario: »Der Sozialstaat gleicht immer mehr einem totalitären Regime, das die Familien zerschlägt.«[39] Aus solchen Quellen speist sich Sarrazins Konstruktion. Sie ist realitätsfern und boshaft.

Jemandem zu unterstellen, er gestalte den intimsten Bereich seines Lebens nur auf Grund materieller Überlegungen, lässt Rückschlüsse auf die Fixierung solcher Autoren auf menschliche Beziehungen als Rechenexempel zu. Wer sich für Menschen und ihre Lebens- und Gefühlsrealität interessiert, muss wahrnehmen, dass Liebes- und Familienverhältnisse nicht vorwiegend finanziellen Überlegungen folgen. Ja, dass das Liebes- und Familienleben zu den großen Unwägbarkeiten überhaupt gehört.

In der »bürgerlich westfälischen« Familie Sarrazin hatten materielle Erwägungen bei der Eheschließung durchaus Tradition. Wie die bürgerliche Ehe ohnehin in Besitzstandwahrung und Fortpflanzung ihre Bestimmung sah:

»Das nahezu einheitliche Muster der Familiengründung lässt sich anhand des Familienarchivs gut verfolgen: Die jungen Männer machten eine Ausbildung und erste berufliche Schritte, bis sie eine auskömmliche Anstellung hatten. Im Alter zwischen 27 und 32 hielten sie um die Hand einer Tochter aus gutem Haus an, also um ein Mädchen mit guter Erziehung und einer gewissen Mitgift. Die jungen Frauen waren mindestens 19, aber kaum älter als 25 Jahre. Dann kamen in rascher Folge vier bis sieben Kinder, und wenn die Frau Anfang bis Mitte 30 war, war die Phase der Familienbildung abgeschlossen. Scheidungen sind mir aus dem Familienarchiv nicht überliefert.«[40]

Ob diese Gattinnen ab Mitte dreißig ihre ehelichen Pflichten einstellten oder bei der siebten Niederkunft im Kindsbett starben, mag auch nicht überliefert sein. Genauso wenig wie die Frage, ob die eine oder andere der Mitgiftbräute nicht doch die Scheidung gewollt oder Lust gehabt hätte auf einen anspruchsvolleren, der Intelligenz zuträglicheren Werdegang als das Mädchenpensionat und anschließende Reproduktionstätigkeit.

Warum aber eröffnet Sarrazin diesen Einblick in eine offenbar bestürzend monokulturelle Familiengeschichte, der eine Lobesrede auf die Fortpflanzungs-Rate der Gebildeten in der DDR folgt? Auch dort hat sich laut Sarrazin mehr Intelligenz vererbt, weil Akademikerinnen im Vergleich zu ihren westdeutschen Schwestern dank des guten Betreuungssystems mehr Kinder bekamen. Was Sarrazin nicht berücksichtigt, ist die Tatsache, dass Akademiker-Kinder in der DDR häufig nicht zum Studium zugelassen wurden, um die Herausbildung einer elitären Klasse zu verhindern. Die faktische Grundlage für Sarrazins Behauptungen ist mehr als fragwürdig. Es geht in diesem Zusammenhang aber nicht um die ohnehin umstrittenen Vererbungs-Theorien und die Katastrophen der Demografie: Sarrazin bietet all jenen, die sich auf ihre eingebildete Bürgerlichkeit so viel zugutehalten, ein Identifikationsmodell an, das alle, die anders leben, ausschließt. Denn was heißt überhaupt »traditionelle Familie«? Sie ist eine Leerformel, die jede schon in früheren Jahrhunderten vorhandene Vielfalt und Unübersichtlichkeit familiärer Lebensformen einfach ignoriert.[41] Verfechter der »Normalfamilie« als Norm brauchen die Hierarchie der Familienformen, ein gleichberechtigtes, gleichwertiges Nebeneinander können sie nicht akzeptieren.

Man kann die Rückwendung zur Kern-Familie als Nachhall auf eine längst wieder aus den Feuilletons verschwundenen Debatte um die neue Bürgerlichkeit, die Gefahren sozialstaatlicher Alimentierung und die massenhafte Transferabhängigkeit betrachten.

Auf die öffentliche Wahrnehmung Alleinerziehender mögen sich diese Debatten eher subtil auswirken. Gravierender und im Alltag einflussreicher aber sind die Stigmatisierungen, die von manchen Psychologen und Psychiatern[42] gegen Alleinerziehende und ihre Kinder verbreitet werden. Da ist die alleinerziehende Mutter eine grundsätzlich Scheiternde, die ihre »innere Leere« mit den Kindern kompensiert, sie als »Partnerersatz« und »narzisstisches Substitut« missbraucht. Diese Kinder, so schreibt der Psychiater Horst Petri, müssen »neben ihrem eigenen Gefühlschaos noch die Überflutung mit mütterlichen Ängsten, Depressionen und anderen psychischen Problemen nach dem Trennungsverlust verarbeiten.«[43] In vielen Erziehern, Lehrern und Redakteuren finden solche Stimmen brave Nachbeter, die dann immer schon wissen, warum das Kind »in pädagogischer Hinsicht Probleme macht«.

Die vielfältigen Ursachen und Faktoren für eine wie auch immer interpretierbare Auffälligkeit werden kurz auf das Merkmal »Kind alleinerziehender Mutter« heruntergestillt. Das führt mitunter zu derart unprofessionellem Verhalten, wie es eine Erzieherin in einer Grundschule in Berlin an den Tag legte: Zu einem neunjährigen Mädchen sagte die Frau: »Du hast es ja auch schwer, deine Eltern sind ja geschieden.«

Auch Sarrazin schwingt sich zum Familienexperten auf: »Kinder gedeihen in einer nicht so gut funktionierenden vollständigen Familie aber oft besser als bei einem Elternteil, wo sie Partnerbindungs- und Partnerfindungsversuche miterleben. Da gesunde Kinder ziemlich viel aushalten, richten auch ungeordnete Familienverhältnisse in den meisten Fällen keinen allzu großen Schaden an, aber die Entwicklungsmöglichkeiten der Kinder beschneiden sie schon.«[44] Den Beleg bleibt er schuldig. Er repetiert alte Vorurteile, Vorverurteilungen. Ebenso wie es Journalisten taten, die um die Jahrtausendwende herum bereits die »Erziehungskatastrophe« und den »Erziehungsnotstand« ausriefen: Buchtitel, die nicht gerade dazu motivieren, überhaupt Kinder in die Welt zu setzen.

In ihrem Buch »Der Erziehungsnotstand. Wie wir die Zukunft unserer Kinder retten« zitieren Petra Gerster und Christian Nürnberger Lehrerstimmen und Studien, die belegen sollen, wie negativ sich Scheidung und Trennung auf Kinder auswirken.[45] Vaterlosigkeit führe zu Suchtverhalten, Verwahrlosung und kriminellen Karrieren. Nein, gegen Alleinerziehende hätten sie gar nichts, schreiben die Autoren des »Erziehungsnotstand«: »Es sind nicht wir, die Ein-Eltern-Familien ablehnen, sondern die Kinder, vielleicht nicht alle, aber vermutlich doch die meisten.«[46]

Dass mit der Trennung das Kind zwangsläufig seinen Vater verliere, ist ein Mythos, den Familialisten ebenso aufrecht erhalten wie militante Väterrechtler. Wenn Väter tatsächlich aus dem Leben ihrer Kinder verschwinden, so liegt das zum größten Teil in der Verantwortung dieser Männer. Mögen sie »vaterentziehende Mütter« noch so sehr und medienwirksam zu Sündenböcken stilisieren – es sind Einzelfälle. Die meisten Kinder sehen ihre Väter nach der Trennung regelmäßig, oft entsteht sogar erst dann eine intensivere Beziehung zwischen Vater und Kind. Ausführlich belegt wird dies durch die große – und bisher einzige – Alleinerziehenden-Studie, die im Jahr 2001 erschien und vom Bundesministerium für Familie, Senioren, Frauen und Jugend in Auftrag gegeben worden war.[47] Unter den 119 Ein-Elternfamilien, die in einer qualitativen Untersuchung befragt wurden, gab es nur eine Mutter, die den Kontakt zu ihrem in der Vaterfamilie lebenden Kind abgebrochen hatte. Sie war ins Ausland gezogen.

»Der Kontaktabbruch wird demnach am häufigsten durch den Vater veranlasst, möglicherweise, weil die Konflikte zwischen den Eltern als unlösbar eingeschätzt werden und auch die Eltern-Kind-Beziehung einschließen oder um ein anderes Leben zu beginnen, das mit der ›alten Familie‹ nicht vereinbar scheint.«[48]

Die Auswirkungen von Scheidung und Trennung auf Kinder sind vielfältig. Das Thema erfordert eine differenzierte Analyse, es verträgt keine Verkürzung auf wohlfeile Plattitüden. Ausführlich nachzulesen sind Untersuchungen zu den Scheidungsfolgen für Kinder etwa in einem 2008 erschienenen Buch der Psychologen Matthias Ochs und Rainer Orban.[49] Mit Blick auf eine Studie des renommierten Kriminologischen Instituts Niedersachsen entkräften sie auch die unauslöschliche Mär von den zwangsläufig kriminellen Söhnen alleinerziehender Mütter. Im Gegenteil: In vollständigen Familien, in denen es in der elterlichen Partnerbeziehung zu Gewalt kommt, liegt die Täterrate sogar deutlich höher.[50] Da gerade Gewalt in Partnerschaften zu den maßgeblichen Trennungsgründen gehört, ist es fahrlässig, diesen Aspekt zu verschweigen.

Ochs und Orban nennen zahlreiche positive Aspekte von Scheidung und Trennung, darunter zwei, die sich direkt auf die Kompetenzen Alleinerziehender beziehen. Zu den Positiva gehören die »größeren sozialen Fähigkeiten alleinerziehender Mütter« – die, auch wenn es nicht genannt wird, vermutlich auch alleinerziehende Väter haben:

»Alleinerziehende Mütter pflegen nachweislich mehr soziale Kontakte und haben mehr Ansprechpartner bei Problemen als verheiratete Mütter. Laut Studien der Scheidungsforscherin Mavis Hetherington berichten die meisten Frauen, dass sie mit ihrer familiären Situation viel zufriedener sind und sich menschlich reifer fühlen als in den Jahren vor der Scheidung.«[51]

Was die Trennungsväter betrifft, so gibt es weit erfreulichere Konsequenzen aus einer Trennung als die traurige Gestalt des »entsorgten Vaters«:

»Häufig gestaltet der nicht im Haushalt lebende Elternteil (zumeist immer noch der Vater) die gemeinsame Zeit mit den Kindern bewusster und intensiver als vor der Trennung.«[52]

Die Mutter-Vater-Kind-Familie macht Kinder nicht automatisch seelisch gesünder als andere Familienformen. Die Amokläufer von Erfurt und Winnenden kamen aus äußerlich intakten Familien, wenn man wie in Winnenden die Anwesenheit von waffenverrückten Vätern dazuzählt.
Die US-amerikanischen Vorgänger deutscher Amokläufer kamen ebenfalls nicht aus »broken home situations«, wie gleich spekuliert wurde. Nein, die Täter des Schulmassakers von Columbine entstammten geradezu Bilderbuchfamilien. Wohlsituiert, in erster Ehe verheiratete Eltern, die sich in Sportvereinen und Kirchengemeinde engagierten. Ochs und Orban folgern: »Im Einklang mit nationalen wie internationalen Forschungsbefunden ist zwar unbestritten, dass Gewalt in der Familie erfahren und erlernt wird. Es ließ sich jedoch keine bestimmte Familienform ermitteln, in der ›bevorzugt‹ Gewaltbereitschaft bei Kindern und Jugendlichen entsteht. (...) Leider wird in der öffentlichen Diskussion immer wieder so getan, als seien ›Trennungswaisen‹ per se gestört und um ein Vielfaches mehr gefährdet, Gewalttäter zu werden. Es gibt dafür jedoch keinen einzigen wissenschaftlichen Beleg (...).«[53]

Über männliche jugendliche Gewalttäter und ihre Familiengeschichten hat der deutsch-argentinische Regisseur Gerardo Milsztein einen herausragenden Dokumentar-Film gedreht: »Friedensschlag«. Darin berichten junge Männer und Jugendliche auch davon, wie sie und ihre Mütter von den Vätern geschlagen und gedemütigt wurden. Statt unentwegt den alleinerziehenden Müttern dieser Söhne die Schuld zuzuschieben, lenkt dieser Film den Blick auf die fehlende Verantwortung und mehr als defizitäre »Erziehungsleistung« von Vätern. Im Interview wurde Gerardo Milsztein sehr deutlich:

»Wenn die Väter anfangen, ihre Söhne, statt sie mit Liebe zu beschenken, so zu bestrafen, dass alle Tore zur Eigenliebe verschlossen werden, dann sollen sie diese Vaterschaft abgeben an andere, die wissen, was sie bedeutet. Denn diese Väter sind eindeutig nicht dazu in der Lage, weil sie mit ihrer eigenen Problematik nicht zurechtkommen. Bei all diesen Jungs besteht keine wirkliche innere Verbindung zum Vater. Ich kann darüber sprechen – als Sohn, der ich war, und als Vater von drei Jungs.«[54]

Das Bild der alleinerziehenden Mutter fehlt nicht in Büchern, die ein weibliches Lesepublikum über die Lügen der Gleichberechtigung, die Schlamperei der Männer in der Liebe und die Belastungen des Kinderkriegens für leidenschaftlich berufstätige Frauen aufklären. Wenn es etwa in »Die Schule der Frauen« von Iris Radisch heißt: »Diese Frauen sind wahre Heldinnen, die Ungeheures leisten und am häufigsten von der alten oder der neuen Armut betroffen sind«[55], stellt sie die alleinerziehende Frauen auf einen Sockel, von dem sie garantiert jemand stürzen will. Was, wenn sie mal nicht Ungeheures leistet? Darf sie das überhaupt? Gut jedenfalls, dass dort Unterstützung gefordert wird, ganz pragmatisch, etwa, in dem die Alleinerziehende weniger hohe Kindergarten-Beiträge leisten muss als Ehepaare.

Radisch schließt: »Als leuchtendes Vorbild einer künftigen Familienordnung wird man diese heroischen Kleinfamilien dennoch nicht ansehen können. Zu groß sind die Nachteile dieser aus der Not entstandenen Restgemeinschaften.«[56]

Der Soziologe Heinz Bude schubst die Heldin denn auch vom Podest: »Eine alleinerziehende Mutter zu sein, ist längst kein positives Kennzeichen mehr.«[57] Zwar differenziert er nach sozialen Milieus, die Spannweite reicht nun von der Ärztin mit eigener Praxis und Haushaltshilfe aus Osteuropa über die Sozialarbeiterin in befristetem Arbeitsverhältnis bis zur fernsehsüchtigen Proletenmutter, zeichnet aber insgesamt ein Bild vom »sozialen Ausschluss«. Der verbindet sie mit den »Verwilderten Jungmännern« im nächsten Kapitel seines Buches, eine durch und durch verantwortungslose Horde, mit der Alleinerziehende nun wirklich nichts zu schaffen haben.

Wer sich auf solche Weise dargestellt sieht, muss ins Grübeln über die eigene Lebensform geraten. Kann das, was man da gerade empfindet – Freude am Leben mit Kindern, mit Freunden, Freundinnen und deren Kindern, die Leidenschaft mit dem Geliebten, Freude über die eigene Fähigkeit, das Leben mit Kind auch ohne dessen Vater zu genießen –, kann das dann alles erlaubt sein? Darf es Alleinerziehenden überhaupt gut gehen? Kann es sein, dass mancher ein Interesse daran hat, dass sie sich schlecht und übrig geblieben fühlen? Als abschreckendes Bild für Männer und Frauen, die dann doch lieber in ihren Ehen und Partnerschaften bleiben. Sind nicht viele solcher Mutter-Vater-Kind-Verbände ebenfalls aus der Not entstandene Restgemeinschaften? Wie ausgeschlossen aus der Gesellschaft sind eigentlich Hausfrauen heute? Und was ist mit der goldbehängten Manager-Ehefrau, die das Handy ihres vielreisenden Gatten nach verdächtigen SMS-Mitteilungen durchsucht?

Alleinerziehende sind nicht verstoßen worden, auch wenn manche das anfangs so sehen. Sie sind unhaltbaren Zuständen entronnen, aus eigener Kraft. Alleinerziehende haben fast immer ein Leben hinter sich gelassen, das ihnen und ihren Kindern Schaden zufügte. Wie sie es geschafft haben, ist eine Frage, die sie sich erst im Rückblick stellen können. Erst dann haben sie dafür Zeit.

3. Trennungsgründe

a) Innere Angelegenheiten
Wie sich Männer aus der Verantwortung stehlen

Um keinesfalls in den Ruch einer Männerfeindin zu geraten, müsste die Autorin nun vorweg bekennen, dass sie Männer liebt, allen voran ihren eigenen. Ganz in der Tradition von Matthias Matussek, der 1998 immerhin als Erster gegen den von ihm entdeckten »grotesken Kult um die sogenannte ›Alleinerziehende‹« zu Felde zog. Sein Buch »Die vaterlose Gesellschaft«[58] ist heute ein Klassiker der Wahnliteratur. Des Wahns von der vollständigen Machtübernahme der Frauen. Eine Frau, die dieses Buch heute zur Hand nimmt, muss sich fragen: Wo war ich während dieser paradiesischen Zeit? Als all die Frauenbeauftragten, Gender-Weiber und Gleichstellungszicken die Männer als Haussklaven und Erfüllungsgehilfen des Matriarchats an der kurzen Leine führten. Wo Matussek gewesen ist, wird auch nicht klar. Mitten im Geschlechterkampf, versteht sich. So wie er sich in den Medien abspielt. Die Autorin, das sei hier gesagt, hält Medien nicht für den Spiegel der Wirklichkeit. Medien erzeugen ihre eigene Wirklichkeit. Die Autorin begreift den Mann und Vater auch nicht als intimen Feind. Die kritische Betrachtung ihrer Geschlechtsgenossen beherrschen Männer inzwischen besser, etwa der Galerist und Unternehmer Roman Maria Koidl in seinem Insider-Bericht »Scheißkerle«.[59] Nein, hier geht es um Ursachen für ein Phänomen des Alleinerziehens, das eben nicht »selbst gewähltes Elend«[60] ist und auch kein postfeministischer Lifestyle-Quatsch.

Wenn in diesem Kapitel also überproportional häufig von egoistischen, soziopathischen und unreifen Männern die Rede ist, dann sind nicht ALLE Männer und Väter gemeint. Aber zum Zustand »Alleinerziehend« gehört nun mal auch ein Mann. Ein Ex. Und die Erfahrung, dass dieser oftmals keiner von den vielen Männern war, mit denen es sich als Familie kooperativ, lustig und großmütig leben lässt. Oder konnte er das aus beziehungsdynamischen Gründen nur nicht mit dieser speziellen Frau? Die kleinen Kammermusikensembles von Mutter-Kind-Familien, die manche Männer hinter sich lassen, scheinen gegen diese Hypothese zu sprechen. Darüber hinaus geht es um die inneren und äußeren Fliehkräfte, denen die Familie in einer kinderfeindlichen Umgebung ausgesetzt ist. Denn das ist Deutschland noch immer, sonst gäbe es mehr Kinder.

Zunächst ist über das Traurigste zu reden, über Trennungen, so wie sie von Frauen erlebt werden, die danach alleinerziehend sind. Trennungsstile sind so unterschiedlich wie Beziehungsstile. Nur verhandelt werden können sie nicht. Wenn die Kinder klein sind, bleibt ein Schmerz, der lange nicht weichen will. Da wurde ein Vertrag zur Makulatur, noch ehe überhaupt mit seiner Erfüllung begonnen wurde.

Eine Spezialistin im Anhören von Trennungsgeschichten ist Elisabeth Küppers, Projektleiterin vom Berliner Landesverband Alleinerziehender Mütter und Väter. »Trennungen mit Kindern sind fast wie Tod«, sagt sie und hebt sich damit wohltuend vom Trennungen-sind-normal-Gerede vieler Erziehungsberater ab. Seit vielen Jahren leitet die Sozialpädagogin Gesprächsgruppen, berät, vermittelt, behält die Kinder im Blick. Ein so dramatischer Satz passt eigentlich nicht zu der ruhigen Frau, er passt zu dem, was sie im Laufe der Zeit gehört und gesehen hat. Küppers spricht niemals über Details. Sie sagt, dass viele Frauen zwei Fehler machen. Der erste: Sie holen sich zu spät Hilfe, und zwar für sich selbst. Der zweite:

Sie verstricken sich zu lange in Konflikte. Eine der Frauen, die sich etwa ein Jahr lang in eine von Küppers Alleinerziehendengruppen begab, schildert im Rückblick, dass sie die Trennungsgeschichten irgendwann nicht mehr hören konnte. Nicht, weil sie damit nicht mehr behelligt werden wollte – sondern weil die Trennungen einander so glichen.

Es scheint, als laufe der Zerfall der Mutter-Vater-Kind-Familie mit gewissen Varianten nach immer denselben Gesetzmäßigkeiten ab. Dabei spielt es keine Rolle, wie lange das Paar vorher bestand.

Väter auf der Flucht

»Je schwangerer ich wurde, desto unerträglicher verhielt er sich«, berichtete eine Frau, die mit dem Vater des Kindes immerhin schon sechs Jahre verheiratet war. Sie wagte es kaum, die Wörter auszusprechen, mit denen er sie beleidigte. Ihren sich rundenden Körper rührte er nicht mehr an. Sie weinte viel und ängstigte sich vor der Geburt. »Dann treib halt ab«, sagte er. Da war sie schon im sechsten Monat. Sie erinnerte sich noch daran, wo sie gerade stand, als dieser Satz fiel. Die Geburt dauerte zwei Tage. Am Ende blieb nur der Kaiserschnitt zur Rettung von Mutter und Kind. Während sie auf die Periduralanästhesie, kurz PDA, vorbereitet wurde, sah er sich auf dem Fernseher über dem Krankenhausbett die Börsenkurse an. »Das war sicher eine Angst-Reaktion«, sprang eine Paartherapeut, den sie Monate später aufsuchten, diesem Vater verständnisvoll bei. Die Frau, der das passiert war, fragte sich, wer sich hier eigentlich in Gefahr befand, sie und das Kind oder er. Ob ein Blick auf die Aktien die tiefe Sorge um eine Frau mit gravierenden Geburtskomplikationen beruhigt?

Eine gern in Medienkreisen gebuchte Hebamme aus Berlin, Luise Kaller, sagte einmal in einem Interview, sie könne im Kreißsaal durchaus ahnen, ob die werdenden Eltern als Paar eine Zukunft hätten oder nicht. Sie erlebt auch die gleichgültigen unter den Vätern:»Die haben tatsächlich ihren Laptop dabei und lesen E-Mails. Da bin ich dann eher skeptisch.«[61]

Jana R.[62] begreift heute noch nicht, was in dem Mann vorging, der sie während der Schwangerschaft mit dem zweiten gemeinsamen Kind verließ. Die OP-Schwester kannte den Mann drei Jahre vor der Geburt der ersten gemeinsamen Tochter. Beide hatten sich ein zweites Kind gewünscht.»Wir hatten alles miteinander besprochen, die Aufteilung der Arbeit, wer sich wann um die Kinder kümmern sollte, die finanziellen Fragen.« Als Jana R. mit dem zweiten Kind im sechsten Monat schwanger war, heiratete das Paar. Vier Wochen später erhielt sie eine SMS von ihrem Mann, der auf Dienstreise war.»Ich komme nach Berlin zurück und hole meine Sachen.« Jana R. erzählt:»Mit allem hatte ich gerechnet, nur damit nicht.« Eine alte Bekannte von ihm war nun seine neue Liebe, auch diese ist inzwischen passé. Jana R. litt unter Bluthochdruck, in den letzten drei Monaten vor der Geburt bündelte sie ihre Kraft für sich und die Kinder. Den Mann verdrängte sie aus ihren Gedanken.»Erst als ich meine zweite Tochter im Arm hatte, wurde mir die Situation wieder bewusst.«

Warum manche Männer nicht Vater werden können und dennoch Kinder zeugen, ist eine Frage, die andere beantworten müssen. Während der Mutterinstinkt und die Zweifel an seiner Existenz ein Thema sind, das ausführlich beleuchtet wird, sind die Schwierigkeiten des Vaterwerdens noch ein Tabu. In Büchern über die Bedeutung des Vaters und seine Suche nach einer neuen Rollenidentität wird die gar nicht so seltene Flucht des jungen Vaters – gleich welchen Alters – ausgeblendet, als gebe es sie nicht.[63]

Die Fernsehmoderatorin und Autorin Lisa Ortgies macht die Vaterschafts-Unfähigen in ihrem brillanten Buch »Heimspiel« dingfest und stellt fest: »Auch die Flüchtigen sind neue Väter.«[64] Ihre Abrechnung mit dem Kult um den neuen Vater und seine schillernden Erscheinungsformen war längst überfällig in einem Klima, in dem inzwischen selbst Politiker ihre väterliche Kompetenz in jedem Klatschmagazin inszenieren.

Ortgies streift die Folgen der Vaterflucht in einem aufschlussreichen Nebensatz: Die Anzahl der alleinerziehenden Frauen steige, schreibt sie, »aber das sind erstens keine Neuigkeiten und zweitens keine guten«.[65] Das Alleinerziehen als schwerwiegender Unfall, als familiärer Totalschaden – da wiederholt sich das bereits beschriebene Bild.

Bleibt der Verdacht an der verlassenen Mutter hängen, sie hätte es, mit etwas besserer Männerkenntnis, anders erwischen können. Und sicher fragt sie sich das selbst. Schließlich warnen Psycho-Ratgeber vor den Tücken des Unterbewusstseins bei der Partnerwahl. Biedermänner und -Frauen halten der Alleinerziehenden zudem gerne vor, sie habe den Mann wohl nicht »halten« können. Als ob der Mann ein Kapital sei, das der Frau bei ungeschickter Handhabung durch die Finger rinnt.

Noch im 20. Jahrhundert war die junge Mutter mit der schlechten Wahl einfach ein gefallenes Mädchen, musste ins Heim für ledige Mütter, gab das Kind zur Adoption frei oder ging am besten noch vor der Geburt ins Wasser. Nicht zuletzt geistert in schlichteren Gemütern immer noch die dumpfe Vorstellung von Frauen herum, die dem Mann ein Kind »anhängen« wollten. Heißt es doch Empfängnisverhütung und nicht Zeugungs-verhütung.

Ein leicht zu aktivierender Bodensatz an Vorurteilen beweist: Eine Frau, die sich sagt:»Gut, der Vater hat sich verabschiedet. Ob für immer oder fürs erste, ist ungewiss. Jetzt komme ich ohne ihn klar.« wird noch immer mit Argwohn betrachtet. Ihr bloßes Dasein ist im deutschen Familienbild, und sei es noch so emanzipiert, einfach nicht vorgesehen.

Unter den mehr als dreißig alleinerziehenden Frauen, die für dieses Buch ausführlich Auskunft gaben über ihr Leben, gab es drei Frauen, die noch während der Schwangerschaft vom Vater ihres Kindes verlassen wurden. Eine andere Frau entschied sich für das Kind und gegen den Vater, nachdem dieser sie zu einer Abtreibung hatte drängen wollen mit großzügiger Übernahme der dabei anfallenden OP-Kosten. Die Frauenärztin bestärkte die damals 32-jährige Politikredakteurin Klara S. in ihrem Entschluss, das Kind zu behalten. Der Junge hatte auf Betreiben der Mutter noch sechs Jahre nach seiner Geburt regelmäßig Kontakt zu seinem Vater. Als er heiratete und wieder Vater wurde, brach er die Verbindung zu seinem ersten Sohn ab und stellte die Zahlung des Kindesunterhalts ein. Der Frau hatte er nie Unterhalt bezahlt. Als der Junge ein halbes Jahr alt war, begann sie, wieder in ihrem Beruf zu arbeiten, was nur möglich war, weil ihre Mutter den Enkel betreute. Einen Krippenplatz gab es in Stuttgart nicht für ihren Sohn. Der heute Neunjährige fand im neuen Freund seiner Mutter eine beständige männliche Vaterfigur. Klara S. arbeitet, was und wie sie möchte und verdient gut dabei. Ein Totalschaden sieht anders aus.

Daniela Dräger, die in der Tagesschau im Juli 2010 über alleinerziehende Mütter zu sehen war, macht um den Vater ihres

Kindes kein großes Aufheben. »Er hat sich drei Monate nach der Geburt aus der gemeinsamen Verantwortung ausgeklinkt.« Mehr möchte sie über den Mann nicht sagen. Die Einkäufe und ihre Tochter hat sie im ersten Jahr abwechselnd in ihre Wohnung hochgetragen. »Ich habe durchs ganze Treppenhaus immer laut mit ihr gesprochen, während sie im Kinderwagen lag.«

Einem Vater, der keinen Gedanken daran verschwendet, wie er der Mutter seines Babys vielleicht doch helfen könnte – auch wenn er mit ihr und dem Kind nicht leben will, mangelt es an menschlichem Anstand. Wenn er aber nach einem halben Jahr zum Jugendamt geht und dort den Umgang einfordert, wird er dort als engagierter Vater unterstützt. So erlebte es Ina K., Buchhändlerin in Mannheim, die während der Schwangerschaft vom Vater des Kindes verlassen wurde, mit dem sie eine Fernbeziehung hatte. Sie erzählt, wie die Mitarbeiterin des Jugendamts sich für ihn in die Bresche warf: »Gucken Sie mal hier ins Regal, das sind alles Akten von vaterlosen Kindern. Und irgendwann kommen sie alle und laufen zu ihrem Vater.« Verständnis für den Wunsch der Mutter, den halbjährigen Säugling erst mal nicht nachts bei einem Vater zu lassen, mit dem sie nie zusammengelebt hatte, äußerte die Frau vom Jugendamt nicht.

Das Versagen von Vätern wird oft leicht entschuldigt. Die Gnadenlosigkeit, mit der Frauen und Männer das Versagen von Müttern geißeln, kennen Väter noch nicht.

Gen-Strategen

Anna F., eine renommierte Geigerin, erzählt die Geschichte eines kalten Verrats. Sie hatte eine große Liebe mit einem Mann erlebt, schöpferische Jahre, die beide beflügelten. Anna wurde schwanger, noch vor der Geburt erklärten sie die gemeinsame Sorge, sie freuten sich auf das Kind. Der Sohn war kein halbes Jahr alt, als der Mann eine neue Geliebte hatte. Er hielt das für sein Recht. Auf die ständig erschöpfte Mutter seines Kindes hatte er keine Lust und sagte das auch. Eines Abends, als er wieder das Haus verlassen wollte, nachdem ihn Anna F. gebeten hatte zu bleiben, warf er eine Glastür mit solcher Wucht ins Schloss, dass sie zu Bruch ging. Anna F. stand in den Scherben, das Kind im Arm. Das vorläufige Schlussbild in der Dramaturgie des Scheiterns, weitere Vorhänge folgten. Anna F. sagt: »Es ist schwierig, wenn man durch ein scheinbares Versprechen in so eine Lebenssituation kommt. Und die Verantwortung für die Kinder tragen dann die Frauen. Ich weiß nicht, warum das so ist.«

Die Fähigkeit, nicht auf sofortige Bedürfnisbefriedigung zu pochen, ist etwas, was Kinder lernen müssen. Psychologen nennen den Triebaufschub »Frustrationstoleranz«. Offensichtlich sind einige Männer dazu nicht in der Lage, vor allem nicht in den ersten Monaten nach einer Geburt. Doch selbst derart tollwütiges Beziehungsverhalten trifft auf eine verständnisvolle weibliche Stimme. Eine Prominenten-Säuglings-Schwester sagt im »Zeitmagazin« auf die Feststellung der Interviewerin: »Viele Männer gehen fremd in den ersten drei Lebensmonaten ihres Kindes«: »Der Grund ist wohl, dass sie auf einmal nicht mehr an erster Stelle stehen, sondern das Kind, und dass auch durch das Stillen eine Symbiose zwischen Mutter und Kind entsteht.«[66]

Wenn sich Regression mit Zynismus mischt, wird es unerträglich. Der Mann, der Anna F. in den Scherben stehen ließ, drehte sich um und wünschte ihr einen schönen Abend.

Aber nicht einmal das bewog Anne F. zu einem endgültigen Abschied. Sie versuchte es ein zweites, und Jahre später sogar noch ein drittes Mal. »Weil ich dachte, die Familie ist die Familie.« Heute lebt sie mit einem anderen Mann und ihrem Kind in getrennten Wohnungen, aber im selben Haus. Er ist Schauspieler und viel auf Tournee. Die Verantwortung für ihren Sohn trägt sie in jeder Hinsicht allein. Wenn der Vater ihres Kindes eine Premiere hat, fährt sie mit dem Sohn hin, auch mal 1000 Kilometer weit. Er tut es umgekehrt nicht. Einmal verbrachte er noch drei Monate mit ihr und dem Sohn bei Anna F. Der Sohn sagte am Ende: »Ich schlage vor, er wohnt wieder woanders. Er schläft, wenn wir wach sind, und ist wach, wenn wir schlafen.« Im Gegensatz zur Mutter hatte der Vater sein Bohemien-Leben nie aufgegeben. Was ihn nicht daran hinderte, noch zwei weitere Kinder zu zeugen, mit denen er auch nicht lebt.

Evolutionär betrachtet, betreibt dieser Mann eine bequeme Strategie zur Verbreitung seiner Gene. Erfolgreiche Streuung des eigenen Erbmaterials bei geringster Investition. Niemand schreibt Romane über solche Väter, niemand leidet hier stellvertretend für die Kinder mit. »Die Liebe der Väter« – so der Titel eines Romans von Thomas Hettche, der mit den Folgen des Vaterentzugs durch eine manipulierende Mutter abrechnet – diese Liebe der Väter geht mitunter seltsame Wege.

Reanimierung hat ihre Grenzen

Warum manchen Frauen der endgültige Ausstieg trotz aller Widrigkeiten so schwer fällt, hat sicher mit einem idealisierten Familienbild zu tun. Gerade Frauen, die ihre Ziele auch sonst mit einem nicht immer sympathischen Perfektionismus verfolgen, wollen ihre ursprüngliche Vorstellung von Familie nicht aufgeben. Schuldgefühle zermartern sie. Ein Anwalt sagte einer von Zweifeln zerrissenen Mandantin: »Sie können sich scheiden lassen, wenn Sie sich diese Ehe verziehen haben.« Im Übrigen greife sie nicht in Versöhnungsversuche ein. Dass die Ehe dieser Mandantin fast genauso lang geschieden wurde, wie sie gedauert hat, sagt viel über die Unfähigkeit dieses Paares zur Trennung aus. Zwei Menschen, die sich gegenseitig ihre enttäuschten Erwartungen vorwarfen. Dazwischen ein kleines Kind.

Frauen hoffen endlos, auch wenn alle Zeichen auf das Desertieren des Vaters hindeuten. Nächtelanges Wegbleiben, das Büro als Zweitwohnsitz, überraschende Dienstreisen. Nein, statt ein eigenständiges Leben zu entwerfen, konzentrieren sie sich auf die Rolle der Familien- und Beziehungsretterin. Drängen auf Paartherapie, lassen sich selbst therapieren, das Kind dazu. Viel Zeit und Energie wird auf diese Reanimierungs-Maßnahmen verwendet: Das zehrt im schlimmsten Fall nur an den Ressourcen, fehlt den Kindern und im Beruf. Kompetente Familienberatung ist rar. In vielen Fällen werden der Frau, die meist diejenige war, die sich um Beratung bemüht hatte, von Sozialarbeitern und Psychologen in städtischen und kirchlichen Beratungsstellen noch Vorhaltungen gemacht.

»Das Kind ist nicht ihr Besitz«, musste sich die Kostümbildnerin Dagmar P. in einer Kölner Beratungsstelle anhören, die sie gemeinsam mit ihrem Mann wegen seiner beständigen Beleidigungen aufgesucht hatte. »Schlampe« war noch die harmloseste darunter. Um seine Verbalinjurien aber ging es dann nur am Rande. Die Frau vom Amt war offensichtlich schon auf das zu dieser Zeit gerade in Mode gekommene Gefahrenszenario »Vaterentzug« eingeschworen worden. Die verbale – und später auch mitunter handgreifliche Gewalt, jeden Tag gegen die Mutter geschleudert, die das Kind noch stillte, wurde bagatellisiert. Hatte dieser Vater so viele Vorschuss-Lorbeeren, weil er im Gegensatz zu anderen Vätern überhaupt in die Beratung mitgekommen war, dass man ihn keinesfalls mit deutlichen Worten vergraulen wollte?

Kathrin M. ging es nicht anders. Sie erschien gemeinsam mit ihrem Mann nach dessen monatelanger Affäre in einem Institut für systemische Familientherapie. Die Affäre hätte sie ihm verzeihen können. Nicht aber, dass er das gemeinsame Leben mit den beiden damals sechs und neun Jahre alten Söhnen permanent boykottierte. Sie verdiente den Familienunterhalt fast allein, weil er sich keine Mühe gab, sein Studium zu beenden und sich einen Job zu suchen. Wenn er denn einen hatte, dann nur am Wochenende, nachts, in Restaurants. An ein Familienleben war nicht mehr zu denken. Die Beraterin sah in dem Paar vor ihr einen klassischen Fall von Kolonialherrschaft der Frau über den Mann. Eine deutsche Intellektuelle mit bürgerlichem Hintergrund, die dem aus Guinea stammenden Ehemann ihr Selbstverwirklichungs-Programm aufdrücken will. »Und diese Rolle hat er gern angenommen«, sagt Kathrin M.

Doch auch in den kommenden vier Jahren nach diesem Termin hielt sie an der Ehe fest, und es ist keineswegs so, dass sie nur Negatives über ihren Ex-Mann zu erzählen hat. »Wir hatten eine sehr erotische Liebesbeziehung.« Aber als er ein paar Jahre später wieder eine Affäre hatte und sie dies an einer exorbitanten Telefonrechnung bemerkte, fiel ihre Entscheidung gegen ihn aus. Auch sonst war alles beim Alten geblieben. Sie verdiente den größten Teil des Geldes und kümmerte sich um die beiden Söhne. Im Haushalt half er, wenn ihm danach war. Wenn nicht, flippte er auch mal aus, wie sie es nennt. Zerschmiss das Geschirr, das sie von ihrer Großmutter geerbt hatte, stürzte sich wütend auf sie, bis der älteste Sohn dazwischen ging. »Ich war nicht mehr bereit, weiterzumachen, wenn er sich nicht bewegt. Er wollte mehr Anerkennung, aber für so ein Verhalten konnte ich ihn nicht anerkennen.«

Inzwischen war Kathrin M. vierzig geworden, die Söhne 13 und 10. »Jenseits der Vierzig fängt man an, die Dinge nicht mehr hinzunehmen. Wieso soll ich mir diese Jahre versauen, und irgendwann wollte ich auch die Kinder schützen.«

Heute lebt ihr Exmann allein, nicht weit von der ehemaligen Familienwohnung entfernt. Er besucht die Söhne in ihrer Wohnung, kocht für sie, geht mit ihnen Fußball spielen. Für beide zusammen zahlt er 100 Euro Kindesunterhalt im Monat. Kathrin M. befürchtet, dass sie ihm nach der Scheidung nachehelichen Unterhalt zahlen muss, weil er in der Ehe kaum eigenes Geld verdient hatte. Was sie als Krankengymnastin verdient, reicht gerade für ein bescheidenes Leben für sie und die Kinder. Ihr Schwager bot ihr für den Sommer seine Ferienwohnung als Urlaubsdomizil an. Dennoch – als ihr Mann das Haus verließ, machte sie sich Sorgen um ihn. Würde er allein zurechtkommen? »Ich wollte für die Kinder auch keinen Vater, der vor die Hunde geht.«

Vor kurzem erkannte sie ihn auf der Straße kaum wieder. Die Haare lang, Sonnenbrille über der Stirn, im Arm eine Frau von höchstens 25 Jahren.

Der alte Mann und das Mädchen

Das Phänomen des Ersetztwerdens durch eine Jüngere ist uralt, war aber selten so salonfähig wie dieser Tage. Das neue Unterhaltsrecht macht es auch Männern aus mittleren bis unteren Einkommensschichten möglich, sich immer weiter zu »verjüngen«. Die französische Professorin Sylvie Brunel, Ex-Gattin eines Ministers und dreifache Mutter, veröffentlichte eine Abrechnung über »die fundamentale Ungleichheit, dass er mit fünfzig ganz normal findet, sein Leben mit einer zwanzig, dreißig Jahre jüngeren Frau noch einmal neu zu leben. Und ich muss weitermachen, mit dem, was wir aufgebaut haben, mit den Kindern.«[67]

Manchmal bleibt nicht einmal das materielle Fundament: Sylvie Brunel weiß, dass es ihr vergleichsweise gut geht: »Ich musste nicht, wie viele andere Frauen, die das Gleiche erlebt haben, in eine triste Wohnung umziehen und alles aufgeben.«[68]

Ihr Guerilla-Buch für Frauen versteht sie als Schlachtruf – gegen die Selbstzermürbung der Frauen: »Wir sind viele, macht Front dagegen! Kopf hoch und sagt euch, dass nicht ihr daran schuld seid. Es ist der Mann, der euch verlässt, der Angst vor dem Altern hat, Angst vor dem Tod, der sich bestätigen muss. Er ist verantwortungslos und unreif.«[69]

Über das meist diametral entgegengesetzte Lebensgefühl von Männern und Frauen in der Lebensmitte hat Margot Käßmann kluge Sätze geschrieben. Sie betont die Kurzsichtigkeit des männlichen Jugendwahns, aber auch die Blindheit der jungen Frauen. Was, wenn er auf die Siebzig zugeht, während seine Kinder aus der Verbindung mit der jungen Frau heftige Pubertäts-Stürme durchlaufen? »Wie wird die dann – relativ gesehen – immer noch junge Frau mit dem alten Mann in ihrem Leben umgehen? (...) Hat sie am Anfang der Beziehung den älteren, beruflich etablierten, lebenserfahrenen Mann gefunden und auch ihren Kinderwunsch mit ihm erfüllt, ist sie jetzt Mutter, häufig zugleich in der versorgenden Tochterrolle einem alten Vater gegenüber und eben oft auch zusätzlich noch die Versorgende für ihren deutlich älteren Mann. Sie trägt damit weit vor ihrer Zeit schon die Last des Alters – und zwar ihres Partners.«[70]

Mutterekel, Vaterangst

Was reden Männer über die Mütter ihrer Kinder, die Ex? Die Fluchtväter äußern sich einsilbig. Lisa Ortgies zitiert die Standardfloskel:»Mit der Mutter hat es nicht geklappt«.[71]
Der kolonialisierte Mann aus Guinea beteuert Kathrin M. gegenüber seinen Respekt.»Du bleibst die Mutter meiner Kinder.« Vor seinen Kindern lässt er nichts kommen auf die Ex. Doch in seinem Facebook-Profil erweckt er den Eindruck, als hätte es diese Mutter nie gegeben. Unter den Fotos seiner Söhne steht der Satz:»Außerdem habe ich zwei Kinder groß gezogen.«
Einen Münchener Notarzt mit nächtlichem Redeschwall nach einer Party kratzt die Mutter seines Kindes nicht,»die blöde Kuh«. Der neuralgische Punkt:»Sie hat meinen Beruf nicht verstanden.« Nach durchgearbeiteten Nächten habe er die Frau auch mal geohrfeigt, weil sie einfach nicht aufhörte, zu schreien. Da war sie hochschwanger. Vielleicht der neuralgische Punkt Nummer zwei.

In der Frauenzeitschrift »Brigitte« berichtet ein Mann davon, wie sich seine Frau als Mutter bis zur Unkenntlichkeit verändert hat.»Sie war dick geworden und es war ihr egal, wie sie aussah. An Sex hatte sie gar kein Interesse mehr.«[72] Die Frau, die erst nach einer Kinderwunsch-Behandlung mit Zwillingen schwanger geworden war, machte das Muttersein nun zum alleinigen Lebensinhalt. Der Mann fühlte sich »fast als Samenspender missbraucht«.[73] Als die Kinder fünf Jahre alt waren, trennte er sich von der ihm fremd gewordenen Frau.

Vielleicht noch mehr als die Sperenzchen um die neue Aufgabenverteilung innerhalb der jungen Familie bringt allein die Mutter-Werdung der Frau die Beziehung in Gefahr. Ihre »Muttierung« – um eine Wortfindung des Nachrichtenmagazins »Focus« zu zitieren, stößt ihn ab.[74] Das erschöpft sich nicht im Erstaunen darüber, dass gestandene Akademikerinnen ihr Potential plötzlich in Krabbelgruppen verausgaben. Wie in diesem Artikel allen Ernstes postnatale Veränderungen dargestellt werden, gehört nicht zum gynäkologischen Grundwissen, sondern ins Genre der Karikatur:

»Auf die Geburt, oft mehr Tortur denn Offenbarung, folgt ein vorzeitiger Sturz in die Wechseljahre. Jäh fällt die Konzentration der Östrogene und Gestagene. Die Haut, die während der Schwangerschaft blühte, trocknet aus. Die Haare, vor der Niederkunft besonders voll, werden dünn und lösen sich. Blondinen dunkeln nach. Dämme sind gerissen, Beckenböden geweitet. Jede Siebte leidet unter Inkontinenz, etwa jede Vierte muss sich mit Schwangerschaftsstreifen abfinden. Busen erschlaffen, nicht alle Mütter erreichen wieder ihr altes Gewicht.«[75]

Gebannt steht der Mann vor so viel hormonellem Wetterleuchten. Bis er die Alte (erschlaffter Busen, Übergewicht, Inkontinenz!) fluchtartig verlässt. Wer kann es ihm übel nehmen? Erwachsene Menschen, die in Schwangerschaft und Geburt vor allem eine Deformation sehen, könnte man als psychisch belastet abtun. Einzelschicksale, traurig genug. Leider ist es anders. Wenn Frauen heute alles anstellen, um gleich nach der

Geburt wieder wie vorher auszusehen, sagt das etwas aus über die Abscheu vor dem mütterlichen Körper. Vor der Mutterschaft überhaupt. Denkbar schlechte Voraussetzungen, um als Frau und Mutter innerhalb eines Paares zu überleben.

Kinder sind Kult, die Mutter ist es nicht. Zumindest nicht, wenn sie wie eine aussieht. Auch das führt zu einem Klima, in dem Frauen, die sechs Wochen nach einer Geburt nicht als Unterwäsche-Model über den Laufsteg schreiten, als unappetitlich gelten. Mutterhass findet sein Forum auch im Netz. Der französische Dokumentarfilm »Babys« inspirierte den genervten User »doctorgonzo« zu folgendem Kommentar: »Mir jedenfalls reicht es, schwangere Frauen (für mich hochgradig unästhetisch) überall sehen zu müssen, die mit debilem Grinsen ihren Bauch streicheln.«[76]

Verlassen wir dieses Niveau und lassen die Schriftstellerin Ruth Klüger von ihrer Erfahrung mit ihrem akademischen Ehemann erzählen:

»Meine veränderte Figur ging Tom auf die Nerven, er rügte mich, wenn ich mit gespreizten Beinen dasaß, wie es den Schwangeren am bequemsten ist. Je näher die Geburt unseres ersten Kindes rückte, desto größer wurde die Distanz zwischen uns. Wahrscheinlich fürchtete sich Tom vor der Verantwortung der Vaterschaft, was ja nicht ungewöhnlich ist. Ich war mir selber in den letzten Wochen fremd geworden, und mein Mann betrachtete mich mit Staunen und, wie ich meinte, mit Widerwillen. Hätten wir darüber gesprochen, wären wir einander vielleicht näher gekommen.«[77]

Nur wenige Jahre später war Ruth Klüger eine alleinerziehende, berufstätige Frau, Mutter zweier Söhne. Im dumpfen Klima der frühen Sechziger Jahre in den USA. Der professorale Exmann wiederholte die Familiengründung noch zwei Mal, mit immer jüngeren Frauen, aber auch die Neuauflagen zerbrachen bald.

b) Äußere Angelegenheiten
Wie Politik und Mutterbild Familien implodieren lassen

Sind Trennungen Privatsache oder – wie es in einem Song von Funny van Dannen heißt – einfach »Herzscheiße«?

Es ist ebenso populär wie bequem, das Zerbrechen von Kernfamilien auf Binnenprobleme innerhalb von Beziehungen zurückzuführen. Darauf, dass es auf Dauer offensichtlich unmöglich ist, sich selbst zu entfalten und dabei in verbindlichen Beziehungen zu bleiben. Dazu der Optimierungswahn, bis hin ins fortgeschrittene Alter. Keiner und keine ist gut genug, es könnte ja immer noch etwas besseres kommen.

Jenseits dieser Veränderungen der Liebesökonomie gibt es einen weitaus größeren Zerstörungsfaktor: Die deutsche Familienpolitik und ihr Familien- und Mutterbild. Ihre jahrzehntelange Fixierung auf das Rollenmodell vom Ernährer-Vater und der Hausmutter hat die Kernfamilie überstrapaziert. Träge und rigide förderte sie längst abgelebte Muster und stellte Frauen vor die Wahl: Kinder oder Familie. Erst eine jäh abstürzende Geburtenrate zwang die Politik zu neuen Konzepten. Von welchem Geschrei der längst überfällige Ausbau (besser Aufbau) der Kleinkindbetreuung und Ganztagsschulen begleitet wird, zeigt, dass es sich um einen tiefen gesellschaftlichen Umbruch handelt, der gegen heftigen Widerstand vollzogen werden muss.

Die Generation der zwischen 1960 und 1975 geborenen Frauen wollte nicht mehr leben wie ihre Mütter. Aber sie befand sich Mitte der neunziger Jahre in der wiedervereinigten Bundesrepublik in einem der familienpolitisch rückständigsten Länder Europas, als sie ihre Kinder bekam. Wer etwa im Jahr 1999 in den alten Bundesländern ein Kind gebar, wusste: Du hast keinen Anspruch auf einen Kindergartenplatz. Krippen gab es nicht. Wer Geld hatte, engagierte eine Kinderfrau, aber auch Gutverdienende beschäftigen osteuropäische Frauen zu Dumpinglöhnen. Fünf Mark auf die Stunde zahlte ein junges Paar – er Immobilienmakler, sie Finanzbeamtin – einer jungen Studentin aus Lettland. Die junge Frau hat die Universität zwei Jahre nicht von innen gesehen, bis Philipp einen Kita-Platz bekam. Dagmar P. hatte eine Babysitterin, die drei Stunden am Tag kam, zu kurz, um sich in einen Kostüm-Entwurf hineinzudenken. Vor allem, weil ihre Konzentrationsfähigkeit durch den Schlafmangel litt. Ihr Mann stand während des gesamten ersten Lebensjahres des Kindes nur wenige Male in der Nacht auf. Er brauche seinen Schlaf, schließlich müsse er verhandlungsfähig sein. Die Folge: Das Baby schlief mit der Mutter in einem Bett, noch ein Schritt, der dieser Ehe den Garaus machte.

Die Frau, die 1999 in den alten Bundesländern ein Kind in die Welt setzte, wusste auch: Wenn das Kind in die Grundschule kommt, steht es um 12 Uhr mittags schon wieder vor der Tür. Wenn ein anständiger Hort in der Nähe ist, bleibt es dort vielleicht bis 17 Uhr. Solch ein Betreuungsfragment taugt höchstens für Grundschullehrerinnen und Angestellte im öffentlichen Dienst, nicht aber für Verkäuferinnen, Redakteurinnen, Altenpflegerinnen oder Architektinnen. Doch während Frauen sich dafür zerrissen, bei all den Widrigkeiten, die ihnen das deutsche Vaterland aufzwang, noch arbeitendes Mitglied der Gesellschaft zu bleiben, zogen die Väter an ihnen vorbei. Dienstreisen, Weiterbildungs-Seminare, Auslandsaufenthalte: Der Mann der Kostümbildnerin Dagmar P., ein Betriebswirt, ließ nichts aus, was ihm zu seinem Fortkommen gereichte. »Zwischen dreißig und vierzig macht man Karriere«, sagte die Frau einer seiner Kollegen zu Dagmar P. Sie müsse nun eben zurückstecken. »Du musst aufhören zu arbeiten«, bellte auch die Schwiegermutter am Wickeltisch. Unvorsichtigerweise hatte Dagmar P. erzählt, dass sie wieder stundenweise am Theater arbeite. Eines hatte Dagmar P. unterschätzt: das auf diese Mutter geeichte Mutterbild ihres Mannes. Aber das sah Dagmar P. erst nach der Geburt der Tochter. Was sie auch sah: Wenn ein Mann gewohnt war, im Mittelpunkt zu stehen, wird er diese Position mit der Geburt eines Kindes nicht aufgeben – im Gegenteil: Umso aggressiver wird er auf gewohnten Privilegien beharren. Dagmar P. und ihr Mann hatten keine Chance, sie wussten es nur nicht.

Die Mehrheit der zwischen 1960 und 1975 in Westdeutschland geborenen Männer hatte Mütter, die Hausfrauen waren. Viele dieser Männer wurden als Söhne noch über die Maßen bedient. Viele sind Aufsteiger: Aus Elternhäusern ohne Bildungshintergrund gelangen ihnen damals, auch dank des SPD-Programms der »Chancengleichheit«, Karrieren, von denen ihre Väter nicht zu träumen wagten. Die Mütter träumten gar nicht. Sie schufteten den ganzen Tag, drei, vier Kinder waren in solchen Familien keine Seltenheit. Die erfolgreichen Söhne von damals sind der Stolz einer Mutter, die sich aufgeopfert hat. Wenn solch ein Mann Vater wird, schiebt sich das alte Mutterbild mächtig über die Gegenwart. Kooperation, gleichberechtigtes Teilen der neuen Aufgaben: Das hatten diese Männer nie erlebt. Sie kannten die Mutter als Dienstleisterin. Ohne Kind konnten diese Männer in ihren Beziehungen den emanzipierten Mann geben, der am Beruf seiner Freundin teilnahm. Mit Kind wendete sich das Blatt. Jetzt musste die Frau zusehen, wie sie das tägliche Versorgungsangebot für Mann und Kind noch mit irgendwelchen beruflichen Wünschen in Einklang brachte. Kleine Nebenverdienste waren durchaus gewünscht – oder wie es ein Journalist in seiner Reflexion über neue Väter schreibt: »Wir freuen uns über jeden Euro, den sie hinzuverdienen.«[78] Ein Artikel, der zu einer von vielen Selbstbespiegelungs-Wellen neuer junger Eltern gehörte. Im Jahr 2004 schilderten dort »sieben Väter aus dem Geburtsvorbereitungs-Kurs« wie es nach vier Jahren so weiter gegangen war, bei ihnen und ihren Frauen. Nur sechs Jahre nach Erscheinen dieses Berichts lesen sich manche Sätze, als stammten sie aus der Gutsherrenzeit: »Weil wir Männer bereits vor der Geburt unserer Kinder mehr verdienten als unsere Frauen, wurde niemand von uns ernsthaft vor die Frage gestellt, ob nicht besser er mit Kind daheim bleiben solle. Während sich der Alltag der jungen Mütter also komplett veränderte, blieb unserer im Takt der Arbeit weitestgehend gleich (von den Nächten mal abgesehen).«[79] Ja, das Zögern und die Angst der kinderlosen Männer vor dem Kinderkriegen versteht dieser schreibende Vater: »... haben wir doch am Beispiel unserer Frauen erlebt, dass ein Kind den Abschied vom Arbeitsmarkt bedeuten kann. Allerdings: Sie haben sich trotzdem getraut.«[80]

Es wäre interessant zu wissen, welche von diesen sieben Paaren heute noch zusammen sind. Laut Statistik müsste ein Drittel von ihnen inzwischen alleinerziehend oder getrennt erziehend sein, schließlich handelt es sich hier ja um bewusste Väter. Ob sich die eine oder andere Mutter mit dem Berufsverlust infolge Kind abgefunden hat? So ganz klaglos, ohne Frust? Oder ob Romantik und Paar-Gefühl im täglichen Kampf um die Aufgaben-Verteilung nicht doch flöten gingen? Und »meine Frau«

am Ende nur noch jeweils die Mutter von Marie, Ella, Paula, Noah ist?

Wenn männliche und weibliche Lebenswelten nach der Geburt eines Kindes auseinander driften wie Eisschollen, liest sich das bei einer Frau, der schwedischen Bestseller-Autorin Maria Sveland ganz anders:

»Ich wünschte mir, ich könnte so frei lieben, wie Männer und Väter es können. Die Einsicht, wie schuldbeladen die Mutterrolle ist, mit welcher Selbstverständlichkeit alle möglichen Forderungen gestellt werden, verglichen mit der Vaterrolle, lässt mich neidisch und bitterfotzig werden. Ich möchte auch Mann sein und erleben, wie es sich anfühlt, wenn die ganze Gesellschaft Beifall klatscht, weil ich knapp zwei Monate Elternzeit nehme, während niemand auch nur eine Augenbraue hebt, wenn meine Frau die restlichen zwölf nimmt.«[81]

Was nun der Staat damit zu tun hat? Sehr viel. Er hätte bereitstehen müssen mit einem klugen und hochwertigen Betreuungsangebot, mit der Proklamierung flexibler Arbeitszeiten, auch in Berufsfeldern, die traditionell männlich besetzt sind. Statt die Familien ihrem Schicksal und ihren Zwistigkeiten zu überlassen, hätte der Staat in Vorleistung gehen müssen für die noch nicht geleistete Emanzipation des Mannes. Wer daran seine Zweifel hat, lese das Kapitel »Haushalt« im Buch von Lisa Ortgies. Sie zitiert die Forschungsergebnisse der jungen Sozialwissenschaftlerin Pia Schober von der London School of Economics, die den Zusammenhang zwischen männlicher Beteiligung an Haushalt und Kinderbetreuung, der Anzahl der Kinder und dem Trennungsrisiko herausstellte. Ergebnis: Dort, wo Männer tatkräftig mithelfen, steigt die Wahrscheinlichkeit auf ein zweites Kind. Wo sie es nicht tun, steigt dagegen die Wahrscheinlichkeit der Trennung.[82]

Ein Staat, der sich aus der Familie heraushält, indem er Infrastrukturen zur Kinderbetreuung verweigert und per Ehegatten-Splitting und Betreuungsgeld großzügig die hergebrachte Rollenverteilung fördert, trägt zur Erosion der Familien bei.

Elisabeth Badinter, bis vor kurzem Philosophie-Professorin an der Pariser Elitehochschule Ecole Polytechnique, hat die unterschiedlichen Ansätze der Familienpolitik und ihre Auswirkung auf die Geburtenrate analysiert. In ihrem neuen Buch »Der Konflikt. Die Frau und die Mutter« moniert sie das »Fehlen einer Familienpolitik, die entschlossen für die Frauen eintritt«.[83] Am Beispiel von Japan, Italien und Deutschland, drei Ländern mit »mächtigen patriarchalischen Traditionen«[84] und extrem niedriger Geburtenrate, insbesondere unter gut ausgebildeten Frauen, führt sie die Folgen einer Politik auf, die sich den Erwartungen der Frauen gegenüber taub stellte. Im Vergleich zu skandinavischen Ländern – und auch Frankreich –, den Ländern mit der höchsten Geburtenrate in Europa. Laut Badinter unterscheidet sich die Familienpolitik in den angeführten Ländern so: »Eine Politik, die den Wünschen der Frauen Rechnung trägt, und eine andere, die sie ignoriert. Eine Politik also, die den Frauen hilft, ihre verschiedenen Rollen auszufüllen, und eine andere, die sich auf die Unterstützung von Mutter und Familie beschränkt. Letztere geht davon aus, dass der Rest eine Privatangelegenheit und nicht Sache des Staates sei.«[85] Deutschland widmet sie eine ganze Passage:

»Das bevölkerungsreichste Land Europas registriert seit mehr als 30 Jahren ein negatives natürliches Wachstum. Wie der Demograph Jürgen Dorbritz betont, ist die deutsche Familienpolitik gescheitert, wenn man sie an ihrem Einfluss auf die Geburtenrate misst. Da sie sich auf finanzielle Hilfen für Familien und die Stärkung des versorgenden Mannes konzentriert, zwingt sie die Frauen, sich mit der Geburt des ersten Kindes zwischen Familie und Beruf zu entscheiden. Weil sich in Deutschland wie anderenorts die Kultur des Individualismus durchgesetzt hat, entscheiden sich immer mehr Frauen, und besonders jene mit einer guten universitären Ausbildung, keine Kinder zu bekommen und sich lieber ihrem Beruf zu widmen, um sich auf diese Weise viele Schwierigkeiten im Alltag zu ersparen.«[86]

Man könnte nun argumentieren, dass der Zusammenhang zwischen Scheidungsrate und Familienpolitik damit nicht untersucht ist. Das stimmt. Ebenso ist richtig, dass sich in Frankreichs Großstädten trotz großzügigem Betreuungsangebot und Ganztagsschule auch jedes dritte Paar trennt. Elisabeth Badinter zählt auch die Verunsicherung der Männer über ihre Rolle zu den Schwierigkeiten, Beziehungen aufrecht zu erhalten. In einem Gespräch mit der Autorin sagte die Philosophin: »In Wahrheit hat die feministische Revolution – denn die finanzielle Unabhängigkeit der Frauen ist trotz allem eine Revolution – ein schreckliches Problem für die Männer hervorgebracht: Die Krise der Identität. Ich bin überzeugt, dass dies die Quelle großer Verwirrung und Unsicherheit ist. Ich möchte nicht übertreiben: Aber ich sehe bei Männern ein unglaubliches Misstrauen gegenüber Frauen – und Angst. Sie fragen sich: Was bin ich, wenn du alles kannst, was ich auch kann – und dazu noch Kinder bekommen. Was bleibt mir?«.[87] Die dreifache Mutter, seit 45 Jahren verheiratet, analysiert auch, warum es zwischen Paaren mit Kindern zu jenem verhängnisvollen »Schweigen« kommt, dass in Trennungen mündet: »(...) Das Schweigen stellt sich ein, wenn man findet, der andere behandle einen schlecht, schenke einem nicht genug Aufmerksamkeit, teile die Pflichten nicht. Wenn ein Mann seine Frau liebt, lässt er sie nicht mit beladenen Schultern allein und stiehlt sich davon. Ich denke, dass das ein Mangel an Liebe ist, ein Mangel an Rücksicht. Viele Männer sagen sich, wenn sie die doppelte Arbeit hat, ist das nicht mein Problem. Das ist eine der Ursachen für das Schweigen, nicht die einzige, aber eine. Die Frau fühlt sich dann nicht geliebt, sie hat den Eindruck, dass sie und die Kinder dem Mann egal sind.«[88] Alleinerziehenden Müttern und Vätern und ihren Kindern geht es in Frankreich und Skandinavien deutlich besser. In Frankreich ist es möglich, dass eine geschiedene Frau mit neunjährigem Sohn ein landwirtschaftliches Unternehmen in Gang bringt. Nicht nur, dass der Vater hier selbstverständlicher nach der Trennung die Hälfte der Betreuung übernimmt: Die französische Schule spekuliert nicht auf die Eltern als Hilfslehrer, Chauffeure und Hausaufgaben-Fachkraft, sie bietet auch über den Unterricht hinaus Sport- und Kunstkurse an. Nicht zuletzt ist die französische Gesellschaft gnädiger mit Alleinerziehenden. Sie gehören dazu, in Deutschland tun sie es nicht.

Wenn dem Publizisten Henryk M. Broder im »Tagesspiegel« mit Ankündigung auf der ersten Seite für seine ironische Herablassung über alleinerziehende Mütter Raum gegeben wird, ist das ein Symptom. Die deutsche Gesellschaft hat nicht begriffen, dass sie die schützen und fördern muss, die überhaupt noch Kinder bekommen. Stattdessen werden die Kinder schlecht gestellter alleinerziehender Mütter auch noch in einen seltsamen Kontext gestellt. »Galt früher einmal der Grundsatz, dass man Menschen helfen muss, die unverschuldet in Not geraten sind, so lassen es die Menschen heute bewusst darauf ankommen, dass ihnen geholfen wird, wenn sie in ein selbst gewähltes Elend geraten. Es kann doch etwas nicht stimmen, wenn einerseits die Sozialleistungen konstant zunehmen und gleichzeitig alle drei Monate ein ›Armutsbericht‹ erscheint, in dem die alarmierende Zunahme von Armut beschrieben wird, vor allem der Kinderarmut. Es ist, als würde der Einsatz von immer mehr Dünger zu immer schlechteren Ergebnissen führen.«[89]

Alleinerziehende Frauen weichen den Schwierigkeiten des Alltags in den seltensten Fällen aus. Sie brauchen eine Familienpolitik und ein gesellschaftliches Klima, das sie und ihre Kinder stärkt. Davon ist Deutschland weit entfernt.

Daniela Dräger, die ihre Tochter allein erzieht und voriges Jahr ein Unternehmen für flexible Kinderbetreuung gegründet hat, spricht aus, was viele Alleinerziehende spüren:

»Man ist allein auf weiter Flur und will ein Kind stark in die Welt senden. Das ist die größte Last.«

4. Allein erziehen heißt nicht allein bleiben
Die Liebe – trotz alledem

Die Patchwork-Show

Wo von Alleinerziehenden die Rede ist, fällt schnell das Wort »Patchworkfamilie«. Als leuchte den einsamen Alleinerziehenden in Gestalt der Flickwerkfamilie ein Licht am Ende des Tunnels. Patchwork – das sind aus Stoffresten zusammengesetzte Decken, und tatsächlich werden Kinder in diesen Patchworkfamilien mitunter wie Reste behandelt. Viele ehemalige »Scheidungskinder« können als Erwachsene davon erzählen: Sie mussten Zuwendung und Zimmer teilen, und im schlimmsten Fall wurden sie um ihr Erbe betrogen, weil die neue, idealisierte Frau des Vaters den Einkommensfluss geschickt auf sich und ihre Nachkommenschaft umgelenkt hatte. Es ist ein Modell, das den Erwachsenen oft besser gefällt als den Kindern. Was im allgemeinen Psychojargon zu diesem Thema untergeht: Für die Lebensfähigkeit und Nestwärme von Patchworkfamilien ist vor allem entscheidend, dass es gerecht zugeht. Auch finanziell. Der Begriff der Stieffamilie, wie es früher hieß, ließ weniger Raum für Illusionen. Dank des märchenhaft schlechten Rufs der Stiefmutter war er selbst schon Warnung genug. Von Stieffamilien war nicht viel zu erwarten. Vor allem ältere Kinder konnten sich darauf einstellen und wurden dafür manchmal positiv überrascht.

Die Patchworkfamilie hingegen wischt jede genaue Betrachtung ihrer Machtverhältnisse mit einem Hauch von lässigem Zeitgeist weg. Cool, wie da zwei moderne, aufgeschlossene Erwachsene die Vergangenheit hinter sich lassen und wieder zur echten Familie zu werden, in der alles Platz hat, nur kein Neid, keine Eifersucht, kein Lug und Trug. Vor allem: keine Probleme! Vieles davon ist Fassade. Die Auftritte der prominenten Patchworkfamilien auf den People-Seiten der bunten Blätter geraten zu einem einzigen Schaulaufen mit dem Ziel, jede Frage nach der Realität zu ersticken. Dabei scheitert mehr als die Hälfte der Patchwork-Familien, eine Quote, die noch über den Scheidungsraten der ersten Familie liegt.[90]

Wenn Richard David Precht in seinem Buch über die Liebe die Patchworkfamilie also als »Normalfall – möglicherweise sogar als zukünftig häufigste Familienform«[91] in Aussicht stellt, beschränkt er das Blickfeld, obwohl er es zu weiten glaubt. Nein, nicht jede alleinerziehende Frau findet überhaupt einen neuen Lebenspartner, der mit ihr, ihren Kindern und seinen dazu ein neues Familiengebäude bauen will. Und nicht jede Frau hält dies für die Erfüllung ihrer Wünsche. Schließlich können ja nicht alle alleinerziehenden Mütter Kanzlergattin, Ministerpräsidentengattin oder Bundespräsidentengattin werden. Statt derer sind nun ihre Vorgängerinnen wieder alleinerziehend, wenn sie nicht ganz aus dem Alter heraus sind. Aus dem für die Kinder. Nicht aus dem für die Liebe.

Vorsichtige Annäherungen

Alleinerziehende Frauen müssen sich nicht selbst um die Liebe bringen, in dem sie glauben, damit wäre es nun vorbei. Zwar mangelt es nicht an düsteren Prognosen, wie sie Kathrin M. zu hören bekam: »In deinem Alter wirst du keinen mehr finden«, sagte ihre Lieblingstante zu ihr, sie war besorgt, nicht boshaft. Der Tante erzählte sie dann lieber nichts von ihrer neuen Liebschaft, die eigentlich eine unerfüllte alte war. Kurz nach der Trennung von ihrem Mann rief sie ein ehemaliger Schulfreund an, der sie schon zu Gymnasialzeiten verehrt hatte. Sie verbrachten Wochenenden am Meer, lange Abende am Rhein. Zur Trennung von seiner Frau konnte er sich dann noch nicht entschließen. Die halbwüchsigen Töchter, das gemeinsame Haus. Auch die finanzielle Schieflage zwischen ihnen wurde zur Prüfung. Er, ein wohldotierter Professor für Physik, lehnte Billigflüge aus ökologischen Gründen ab. Sie, die oft auf magere Honorare warten musste, konnte kaum das Taxi bezahlen, wenn sie spät nachts nach Hause fuhr. Nach einem Jahr bat Kathrin den Mann, sie nicht mehr anzurufen, weil sie keine Zukunft mit ihm sah. Das klingt trauriger, als es ist. Kathrin M., damals 44 Jahre alt, half die Amour, sich endgültig von der Vergangenheit zu lösen. Sie lebte auf und behielt ihr wiedergefundenes Selbstbewusstsein bei. Bei einer Zugfahrt lernte die schöne Frau mit den enzianblauen Augen den Mann kennen, der heute ihr Gefährte ist.

Während der Soziologe Heinz Bude das aussichtslose Suchen alleinerziehender Frauen in den »Sehnsuchtsmaschinen des Internets« beschreibt[92], verfügen diese Frauen auch über andere Wege, jemanden kennen zu lernen. Sie sind nicht weniger anziehend als Frauen ohne Kind. Nur wo noch ein Rest dumpfen Spießertums nistet – »die hat ein Kind von einem anderen« – will man sich diese Frauen nicht in glücklichen Verbindungen vorstellen.

Warum sollte eine alleinerziehende Mutter nach einem »Treffen mit einem wirklichen Menschen« schneller »deaktiviert«[93] werden als andere Frauen? Die mit der besten Freundin betrogene Frau aus der Kreuzberger Schulklasse fand ihren neuen Gefährten tatsächlich im Netz. Sie gehörte zu denen, die alles daran setzten, nicht mehr alleine zu sein, und verbrachte ihre Abende, als die Tochter noch klein war, meist vor dem Computer. Der Lehrer, auf den sie dort traf, hatte auch eine Tochter. Er suchte vorrangig nach einer alleinerziehenden Mutter mit einem Kind im selben Alter wie seins.

Was sehr zielstrebig begonnen wird, muss nicht unbedingt dauerhafter sein als eine Zufallsbegegnung. Dagmar P. geriet absichtslos an einen Mann aus dem Viertel. Dimitri K., ein aus Kreta eingewanderter Handwerker, hatte jeden Morgen ihr verschlafenes Gesicht gesehen, wenn sie ihre Hunde ausführten. Das ganze Selbstinszenierungs-Theater des Anfangs fiel bei diesem Mann weg. Dagmar P., die sich das Hoffen längst abgewöhnt hatte, erlebte eine Zeitlang wieder Leichtigkeit. Sie hatte den Mann irgendwann auf ein Fest mitgenommen und plötzlich einen weniger routinierten Blick auf ihn gewagt und er auf sie. Sie sprachen nie über die Zukunft. Wozu auch. Beide hatten erlebt, wie Zukunftspläne scheitern. Dafür verbrachten sie jede einzelne Stunde miteinander so gut sie es konnten. Die erwachsenen Kinder des Mannes beäugten sie anfangs misstrauisch. Würde diese Frau dem Vater schaden? Dagmar P. gefiel die Sorge der Kinder. Ein Mann, der keine oder nur eine schwache Verbindung zu seinen Kindern hat, wäre für sie nicht in Frage gekommen. In Dimitri lernte sie einen Vater kennen, der seine Kinder in den Mittelpunkt seines Lebens stellte und sich mit der Mutter seiner vier Kinder vertrug. Hatte eines von ihnen irgendeinen Kummer, sprachen die Eltern darüber am Telefon, auch mitten in der Nacht. Das Sorgerecht hatte dieser Mann, da nie verheiratet, für keines der Kinder gehabt, es war ihm auch egal. An Papier glaubte er nicht. Für die Kinder schuftete er von morgens sechs bis elf Uhr nachts. Sechs Tage die Woche. Drei Kinder im Studium, sein Sohn lebte noch bei ihm; für ihn blieb nicht viel. Aber die Kinder waren sein ganzer

Stolz, und über deren »kluge Mutter« war er froh. Kein verächtliches Wort fiel jemals von ihm über die Frau.

Was für ein Unterschied zu Dagmar P.s Exmann, der sie am Telefon noch immer anschreit, wenn ihm etwas nicht passt. Die kleine Tochter kam eines sonntags verstört vom Wochenende beim Vater zurück. Sie weinte im Bett und fragte: »Müssen sich Erwachsene immer streiten?« Dieses Mal war die neue Freundin des Vaters gemeint, zwanzig Jahre jünger als der Mann. Die neue Frau schläft mit der Tochter auf dem Sofa, wenn der Mann einen seiner Wutausbrüche hat. Dagmar P. ist beruhigt über die Gegenwart der Frau, zu der ihre Tochter offensichtlich Vertrauen hat. Von ihrem Vater schnitt sie sie nie ab. Im Gegenteil, sie ist es, die darauf besteht, dass das Mädchen seinen Vater regelmäßig sieht. Der Vater betont, wie wichtig ihm Zeit für sich selbst sei, dabei wohnt er einhundert Kilometer entfernt und sieht die Tochter höchstens alle 14 Tage am Wochenende. So wütend Dagmar P. über diese »egoistische Anspruchshaltung« ist: Insgeheim bedauert sie den Vater ihrer Tochter. Er nimmt sich selbst die Möglichkeit, gute Zeiten mit seiner Tochter zu erleben, in einem Alter, in dem diese noch etwas mit ihren Eltern unternehmen will.

Als der Sommer vorbei war, wollte Dagmar P. ihre Liebesaffäre mit dem Mann aus Kreta beenden. Eine paradoxe Reaktion auf die Angst, wieder verlassen zu werden. Er versuchte, sie zurückzuhalten: »Du klebst das Pflaster auf die Wunde, bevor sie überhaupt da ist.« Aber nach dem Schmerz über das Zerbrechen ihrer Ehe hatte sie Angst, ihr fragiles Gleichgewicht wieder zu verlieren. Auch ihre Tochter wollte sie nicht in Mitleidenschaft ziehen. Ihren Rückzug begründete sie ökonomisch: »Ich kann mir kein Drama mehr leisten. Das kostet mich zu viel Kraft und Zeit. Die brauche ich für meine Tochter und für meine Arbeit. Sonst gehe ich unter.« Der Mann konnte sie allmählich davon überzeugen, dass Vertrauen auch wachsen kann. Ohne seine Geduld und seine Zuneigung wäre sie wieder allein gewesen. Dimitri K. bringt ihre Tochter zum Lachen, er mag die Gegenwart von Kindern und weiß mit ihnen umzugehen.

Das Gefühl, für das Kind der Fels in der Brandung zu sein, führt bei vielen Frauen zu manchmal übertriebenen Selbstschutz-Maßnahmen. Daniela Dräger sagt:»Ich bin die feste Konstante für meine Tochter, ich darf keinen Liebeskummer haben, ich darf nicht krank werden. Auf mich muss meine Tochter immer zurückgreifen können.«

Die Liebe ist keine Versorgungsgemeinschaft

Unvoreingenommenes Vertrauen fällt vielen alleinerziehenden Frauen nach der Trennung schwer. Die Musikerin Anna F. sagt: »Der Schaden ist ganz eindeutig. Ich schaffe es nicht, noch einmal ein so großes Zutrauen in einen Mann zu setzen.« Sie lebt seit einigen Jahren Wohnung an Wohnung mit einem Musiker, mit dem sie auch auftritt. Unter der Woche sind ihre Sphären klar getrennt. Sie bestreitet den Alltag mit ihrem Sohn weitgehend ohne ihn, versorgt den Mann aber nicht mit, was dieser auch nicht erwartet. Ihr Sohn bezeichnet den Freund seiner Mutter als seinen »Mentor«. Was immer er von ihm über Literatur und Theater lernen kann, nimmt er begierig auf.

Die Liebe hat für viele alleinerziehende Mütter einen höheren Stellenwert als eine Versorgungsgemeinschaft. Nicht, weil sie glauben, dafür fände sich sowieso keiner mehr, sondern weil sie sich nicht in ein neues Geflecht aus zusätzlichen Pflichten einbinden wollen. Wenn sie wieder mit jemandem zusammen leben, dann nur, wenn sich das alte Muster nicht wiederholt. Zwei getrennte Wohnungen, Fernbeziehungen, Wochenend-Familien: In solchen Lebensformen fühlen sich viele Frauen wohler.

Nicht allen ist es wichtig, ihr Liebesleben eindeutig zu definieren. Gisela K. etwa, die als Kuratorin in einem Museum arbeitet, führt seit Jahren eine schwankende Beziehung mit dem Vater ihres fünfjährigen Sohns. Vom Vater ihrer älteren, heute 20-jährigen Tochter hatte sie sich ein Jahr nach der Geburt getrennt, weil ihr der Mann politisch zu sehr »nach rechts« abdriftete.

»Beziehung ist, wenn man sich aufeinander bezieht«, sagt Gisela K. und fügt hinzu, dass dieser Satz auf ihr Verhältnis zum Vater ihres Sohns mal zutrifft und mal nicht. Wer von ihnen mehr Nähe und wer mehr Abstand sucht, lässt sich inzwischen nicht mehr entwirren. Der Mann ist verheiratet, lebt aber innerhalb des ehelichen Hauses in einer eigenen Wohnung. Er hat zwei fast erwachsene Söhne. Die Ehefrau und die Söhne wollen Gisela K. nicht kennen lernen, mit dem kleinen Halbbruder sind sie jedoch gern zusammen. »Bin ich eine Geliebte?«, fragt sich Gisela K. Dann wieder verwirft sie solche Versuche, ihre Position in diesem Konstrukt festzulegen und fragt sich nach ihrem eigenen Wohlbefinden darin. Manchmal ist sie mit ihrem Leben einverstanden, manchmal nicht. »Je älter ich werde, desto mehr habe ich das Gefühl, dass man aus alten Rollenmustern doch nicht herauskommt.« Es gab Zeiten, in denen sie sich eine klare Entscheidung ihres Geliebten für sie gewünscht hatte. Inzwischen weiß sie: »Probleme mit dieser Situation habe ich dann, wenn ich mich selbst überfordere, auch mit meinen Idealvorstellungen.« Auf ihrer Aktiva-Liste stehen: »Zwei Kinder, die ich liebe. Sex mit einem Mann, den ich gut finde. Ich bin meine eigene Frau, ich muss nicht bei jedem Pieps fragen, ob es ihm auch genehm ist. Er lässt mir die Freiheiten, die er sich selber nimmt.« Auf den ersten Blick hat das mit Gefühlen weniger zu tun, als mit einer nüchternen Soll-und-Haben-Rechnung. Allerdings kommt die andere Seite dabei auch auf ihre Kosten.

Und der kleine Sohn? Gisela K. hat etwas getan, was in den Mütterbeschimpfungen militanter Väterrechtler gar nicht vorkommen darf, weil es nicht in das Bild der besitzergreifenden Megäre passt: Sie hat dem Vater des Sohnes das Sorgerecht »übergeholfen«, wie sie sagt, indem sie ihn mehrfach um seine Zustimmung bat. »Ich hatte keine Lust, vollständig allein für ein Kind verantwortlich zu sein. Mein Sohn kann auch bei ihm leben, wenn er das irgendwann möchte.« Gisela K. hat sich auf eine Stelle in einem anderen Bundesland beworben. Eine Position mit so viel Verantwortung, dass ihr im ersten halben Jahr wenig Zeit für das Kind bleiben wird. Es könnte sein, dass der voll sorgeberechtigte Vater des unehelichen Kindes während ihrer Einarbeitungszeit dann auch die volle Verantwortung für das Kind übernehmen muss. Ob das seine Ehefrau freuen wird, ist für Gisela K. ohne Belang. Männer, die in der Geliebten nur ein Zusatzvergnügen sehen, sollten sich manchmal vorher überlegen, wen sie sich dafür aussuchen. Frauen, die sich dieselben Freiheiten nehmen, gleichen die Egozentrik dieser Väter nicht mehr aus. Gisela K. wird den Sohn nachholen – wenn der Vater damit einverstanden ist und der Sohn das will. Die neue Stelle ermöglicht ihr und dem Sohn ein gutes Auskommen. Der Zeitpunkt fällt mit der Einschulung des Kindes zusammen, ist also gut gewählt. Wer fragt, wo bei so viel Realitätssinn die Liebe bleibt, muss sich auch fragen, wo sie verloren ging. Der Vater hatte genug Zeit, der neuen Familie seine Loyalität zu zeigen. Er hat es nicht getan.

Daniela Drägers Freund ist nur alle 14 Tage in Berlin, er arbeitet im Ausland. In ihrem Freund, sagt sie, hat die Tochter einen »Bonus-Papa« bekommen, in Schweden sei das der geläufige Begriff für den neuen Lebensgefährten der Mutter. Bonus heißt Pluspunkt, nicht Ersatz. Den leiblichen Vater abzuweisen und durch einen sozialen Vater zu ersetzen: Es mag einzelne Mütter geben, die solche Strategien verfolgen. Kurzsichtig und verheerend für die Kinder. Weitaus verbreiteter aber sind Väter, die sich selbst ins Abseits katapultieren, wenn sie eine neue Freundin haben. Das Kind wegzuschicken, um die Beziehung zu einem neuen Partner nicht zu gefährden: Diese Ungeheuerlichkeit ließ sich ein Vater noch juristisch absegnen. Im Jahr 2008 entschied das Bundesverfassungsgericht, dass ein Vater nicht gegen seinen Willen zum Umgang mit seinem Kind durch die Verhängung von Zwangsmitteln gezwungen werden darf: Es widerspreche dem Persönlichkeitsrecht des Vaters.[94]

Um auf die Liebe zurückzukommen: Es wäre falsch, das Liebesleben der alleinerziehenden Frauen zu beschönigen. Ihre Möglichkeiten auf dem Beziehungsmarkt sind eingeschränkt, schon deshalb, weil sie weniger Zeit dafür haben, als alleinstehende Frauen. Was in einer Epoche, in der Reife abgewertet wird, für alle Frauen gilt, trifft auch auf sie zu: Je älter sie ist, desto geringer ihre Chance, wieder einen Mann zu finden. Dazu genügt ein Blick in die Bekanntschaftsannoncen, in denen Männer in ihren Vierzigern und darüber zwanghaft Frauen in ihren Dreißigern und darunter suchen. Und die Ausschluss-Klauseln »ohne Anhang« und »ohne Altlasten« sind immer noch nicht ausgestorben. Ein männliches Exemplar scheint allerdings mit einer alleinerziehenden Frau eine spezielle Obsession zu verbinden:

»Wunschmann. Ich könnte mir vorstellen, einer alleinerziehenden Top-Karrierefrau mit mehreren Kindern ein Freund, Geliebter,

Hausmann, Koch, repräsentativer Begleiter, Berater, Gesprächspartner, Bettwärmer, Hausmeister, Reisebegleiter, Kindermädchen, Fahrer oder Beifahrer zu sein und ihren Kindern ein lieber Papa, Freund, Nachhilfelehrer, Tröster, Motivationscoach und vieles mehr zu sein. Ich, 63, promov. Akademiker, gutaussehend, schlank, weltoffen, ortsungebunden, freiberuflich, nicht arm, freut sich auf eine Nachricht mit Bild unter ...«

So zu lesen in der »Süddeutschen Zeitung« als Chiffre-Anzeige. Eine wahres Dienstleistungskombinat dieser Mann. Woran er wirklich interessiert ist vor lauter Selbstlosigkeit, lässt sich nur erahnen. Sind es die Kinder? Unter Pädophilen kursiert der Spruch: Ohne die Mutter geht gar nichts. Aber selbst, wenn man von dieser Mutmaßung absieht: Welche Frau will schon einen Mann, der sich als omnipotenter Domestik anbietet? Und warum muss es eine Top-Karriere-Frau mit vielen Kindern sein? Da müsste er sich schon unter französischen Präsidentschaftskandidatinnen umsehen.

Abschied vom männlichen Universalgenie

In der Realität hat die alleinerziehende »Top-Karriere-Frau« lieber ein paar getreue Freunde, die sich die vielfältigen Kompetenzen teilen. So jedenfalls verfährt die erfolgreiche Unternehmerin Karin F. Den Vater ihres heute 13-jährigen Sohnes verabschiedete sie kurz nach der Geburt des Kindes, weil er ihr nicht half. Der Mann war ein Bauingenieur ohne Baustelle und auch nicht recht auf der Suche danach. Schon vor der Krise im Bausektor galt er als insolvent. Karin F. rechnete nie mit Unterhalt für ihren Sohn. Die Tochter aus der früheren Verbindung bekam auch keinen. Aber da sie von jeher überdurchschnittlich geschäftstüchtig war, stieg sie innerhalb der Immobilienfirma, für die sie arbeitet, zur Partnerin auf. Der leibliche Vater des Kindes wechselte die Straßenseite, wenn er sie mit dem Baby sah. Man sichtete ihn später auf Partys mit einer neuen, oft volltrunkenen Begleiterin im Schlepptau.

Der Mann, den Karin F. ein paar Jahre später heiratete, hatte es, wie sich herausstellte, bei aller Liebe auch auf ihre finanzielle Unterstützung seiner unrealisierbaren Geschäftsideen abgesehen. Dem Sohn war er ein guter Freund. Der Junge hing an ihm. Überraschend zog er jedoch eines Tages nach New York, wo er sich neu liierte. Karin F. ließ sich schleunigst scheiden – und rettete dank eines fähigen Anwalts ihr Vermögen für sich und ihren Sohn.

Auf einer der vielen Gesellschaften, zu denen sie als einflussreiche Geschäftsfrau eingeladen wurde, lernte sie einen geistreichen und humorvollen Mann kennen, der bald ihr Liebhaber wurde, für die Kindererziehung allerdings nicht einsetzbar ist. Der Sohn lehnt ihn ab. Hartnäckig und vehement verteidigt er in der Frankfurter Villa das Revier von Mutter und Sohn gegen den Eindringling. Karin F. gab nach einer Weile auf und verlegt ihr Liebesleben mit dem Freund nun in dessen Wohnung in einer anderen Stadt und auf gemeinsame Reisen. Einem anderen Freund von ihr, einem alten Studienkollegen, öffnet ihr Sohn dagegen freudig die Tür. Er nimmt die Rolle des väterlichen Freundes ein, der die geistige und emotionale Entwicklung des Kindes stetig begleitet. Voller Wärme und Intelligenz ist er im chronisch vakanten Rollenfach »männliche Bezugsperson« sicher eine ideale Besetzung. Karin F.s Sohn ist hochbegabt. Der Junge wird mit 16 Jahren schon das Abitur ablegen.

»Es wird schwer, wenn unsere Söhne aus dem Haus gehen«, sagte sie einer Bekannten. Aber zugleich hat sie Trennungen von ihrem Kind im Gegensatz zu konventionellen Familienmüttern schon viel früher erprobt. Oft ist sie beruflich auf Reisen, auch in Asien und USA. Die vielgescholtene Symbiose zwischen Mutter und Sohn kommt unter berufstätigen Alleinerziehenden vielleicht sogar seltener vor. Was aber häufig zu beobachten ist: Alleinerziehende Frauen geben ihren Kindern den Vorrang vor einer neuen Beziehung.

Die Liebe hat ihre Zeit

Auch wenn ihr viele ihr Recht darauf abzusprechen scheinen: Alleinerziehende Frauen haben ein Liebesleben, und das besteht keineswegs nur aus einer Folge von »wechselnden Liebhabern«, wie sie Iris Radisch den alleinerziehenden Müttern beiläufig zugesellt.[95] Abgesehen davon, dass in dieser Zuordnung etwas Tadelndes mitschwingt: Was spricht eigentlich dagegen, unpassende Liebhaber ohne große Umstände wieder ihrer Wege ziehen zu lassen? Auch das gehört zur Autonomie, die mancher enttäuschten Frau in geordneten Verhältnissen fehlt. Vielleicht reagieren diese Frauen auch deshalb auf alleinerziehende Mütter so gereizt. Neid hat viele Masken. In einer Schwabinger Wohnanlage werden die männlichen Neuzugänge der alleinerziehenden Frauen im Haus penibel registriert und kommentiert. Da hatte nach der Lehrerin mit den drei Mädchen im Erdgeschoss auch die Orchester-Musikerin mit den beiden Jungs im dritten Stock einen Freund. Früher, das wussten die beiden Frauen, hätte man sie dafür gemieden. Nicht wegen der schlampigen Verhältnisse. Sondern weil ihre Weiblichkeit für die Umgebung so offensichtlich wurde. Die Frauen litten zu wenig. Das hätte man ihnen nicht gegönnt.
Es gibt lange Phasen der Abstinenz im Leben alleinerziehender Mütter. Zu lange war etwa Emine A., eine Lehrerin türki-

scher Herkunft, mit ihrem Sohn allein. Nach einer Biografie, in
der jedes Klischee über türkische Parallelwelten Wirklichkeit
war, blieb Emine A. mit ihrem Sohn aus einer Zwangsehe allein zurück. Von Kindheit an war Emine A. vom Vater geschlagen worden, schon als Mädchen leistete sie Schwerstarbeit im
Haushalt und für die behinderte Schwester, weil die Mutter mit
chronischem Asthma zum Pflegefall wurde. Mit achtzehn Jahren gebar sie ihren heute 20-jährigen Sohn. Den Vater, einer
ihrer Cousins zweiten Grades, wollte sie nicht. Obwohl Emine A. durch seine »Übergriffe«, wie sie die Vergewaltigungen
nennt, schwanger wurde, kam für sie eine Abtreibung nicht
in Frage. Mühsam und mit Unterstützung eines Frauenzent-
rums in Stuttgart erreichte sie die Trennung von dem Mann
– und ein eigenständiges Leben. Darin unterscheidet sich ihre
Geschichte von der jener alleinerziehenden jungen deutschen
Frau namens Hatun Sürücü, die wegen ihres Bruchs mit dem
Frauenbild ihrer kurdisch-stämmigen Familie an einer Bushal-
testelle in Berlin von einem ihrer Brüder ermordet wurde.

Emine A. gelang die vollständige Ablösung von ihrer Familie
und der ihres Mannes. Tagsüber arbeitete sie als Küchenhilfe,
abends lernte sie, holte das Abitur nach und vollendete ihr
Studium. Während sie ihre Ziele mit viel Arbeit und Selbst-
disziplin erreichte, passierte im Innenleben der kleinen Familie etwas, wofür sie sich heute die größten Vorwürfe macht:
»Ich habe meinen Sohn zu sehr bemuttert und dadurch nicht
zugelassen, dass er erwachsen wird.« Verstärkt wurde diese
Tendenz durch die Isolation, in der sie lebte, sie hatte zu nie-
mandem aus der Familie mehr Kontakt. Innerhalb der türkischen Nachbarschaft sei sie eine persona non grata gewesen.
Sicher, es gab Freundinnen und auch mal einen Kumpel, der
bei einem ihrer vielen Umzüge half. »Ich war innerlich ständig
auf der Flucht.«

Es gehört viel Mut dazu, zu seinen Erziehungsfehlern zu stehen. Emine A.s Sohn, mit dem sie ausschließlich deutsch sprach, um ihn der Welt ihrer Herkunft zu entziehen, rebelliert nun mit allen Mitteln gegen seine Mutter. Als er sechzehn Jahre alt war, fand Emine A. zum ersten Mal wieder Gefallen an einem Mann. Mit ihrem Freund wird sie bald zusammenziehen. Der Sohn reagierte mit Wutausbrüchen, ging nicht mehr zur Schule, legte sich sechs Wochen ins Bett. Mit siebzehn wurde er der Schule verwiesen. In der Nacht, als Emine A. zum ersten Mal bei ihrem Freund blieb, brach ihr Sohn ein Auto auf. Emine A. zu sagen, dass ihr Sohn die Pubertät nachholt, wie es eine Beraterin des Kinderschutzbundes tat, hilft ihr nicht. »Ich bin manchmal sehr traurig, wenn ich ihn so unsicher sehe.« Für sie ist die Kluft zwischen eigener Liebeserfüllung und Muttersein zur Zerreißprobe geworden. Wie sie ausgeht, ist noch ungewiss.

5. Allein erziehen – gemeinsam leben
Wohnformen gegen die Isolation

Die einstige CDU-Familienministerin Ursula von der Leyen zitierte gern das afrikanische Sprichwort: Um ein Kind zu erziehen, braucht man ein ganzes Dorf. Nichts ist weiter von diesem Bild gemeinschaftlichen Lebens entfernt als eine alleinerziehende Mutter, die mit ihrem Kind in einer Zwei-Zimmer-Wohnung in einer anonymen Siedlung haust. Mehr als 60 Quadratmeter stehen ihr nicht zu, wenn sie Sozialhilfe bezieht.

Wenn Alleinerziehende zum Studienobjekt werden, untersuchen Forscher eingehend, ob jemand freiwillig, bedingt freiwillig oder ungewollt alleinerziehend ist. Diese Frage füllt dreißig Seiten in der bisher einzigen umfassenden Studie über Alleinerziehende in Deutschland. Die gut 400 Seiten starke Broschüre, die im Jahr 2000 vom Bundesfamilienministerium herausgebracht wurde[96], spart dabei ein zentrales Element aus: Das Wohnen. Schon im altdeutschen Wort »wonen« steckt die Bedeutung von »zufrieden sein« und »bleiben«.

Wie und wo jemand wohnt, hat einen großen Einfluss auf das Wohlbefinden, die sozialen Beziehungen von Eltern und Kindern, auf das Erleben von Isolation oder Gemeinschaft. Woran liegt es, dass in den Studien über das Befinden Alleinerziehender an das Wohnen kein Gedanke verschwendet wird? Hat es damit zu tun, dass das Alleinerziehen als Übergangszustand betrachtet wird, was es häufig nicht ist?

Zurück zu den Eltern?

Um nicht alleine mit dem Kind oder den Kindern leben zu müssen, gehen viele Frauen einen Schritt zurück: Sie ziehen wieder zu ihren Eltern oder in die Nähe ihrer Eltern. Das kann glücken, wie im Fall der jungen Grafikerin Jara T., die mit ihrem Sohn von Hamburg zurück nach Darmstadt zog und in ihrem Vater einen passionierten Großvater vorfand, der sich jeden Tag viele Stunden um den Enkel kümmerte. Mit 65 Jahren hatte sich Jaras Vater aus dem Beruf zurückgezogen, zugunsten seiner Tochter, die im väterlichen Grafikbüro eine Stelle fand. In dieser Familie fand tatsächlich so etwas wie eine frühe Übergabe statt, und alle profitierten davon. Jaras Mutter verspürte weniger Lust auf den Part der fürsorglichen Großmutter. Schließlich habe sie selbst vier Kinder großgezogen, ihr Soll an Kinderbetreuung sei erfüllt. Das ist nicht ungewöhnlich in der Generation der heute etwa sechzig- bis siebzigjährigen Frauen, die mit ihren eigenen Emanzipationsansprüchen in der alten Bundesrepublik oft auf halber Strecke stehen geblieben sind. Im Alter wollen sie endlich frei sein, was nicht unbedingt heißt, dass sie zur Spezies reisende Rentner zählen. Diese Frauen haben keine Lust mehr, sich wieder fest einbinden zu lassen, sie wollen selbst über ihre Zeit verfügen – und sie haben jedes Recht dazu.[97] Nach den Großmüttern schreien diejenigen, denen nichts anderes einfällt, als weiterhin ausschließlich Frauen an familiäre Pflichten zu erinnern. Engagierte Großväter erfüllen manchmal eine Doppelfunktion: Als männlicher Part für die Kinder und als Entlastung für die Mutter. Jaras Sohn war allerdings schon drei Jahre alt, als er in den Genuss der großväterlichen Betreuung kam. Mit einem jüngeren Kind, sagt Jaras Vater, wäre er vielleicht nicht zurecht gekommen.

Patentlösung: Wohngemeinschaft?

Wenn die Beziehung der alleinerziehenden Frau zu ihren Eltern schon zuvor angespannt war, tut sie besser daran, sich ein anderes Dorf zu suchen. Denn woraus die Dorfgemeinschaft besteht, ob aus Freunden, Verwandten oder Nachbarn, ist unerheblich. Wichtig für Kinder ist ein stabiles Gefüge verlässlicher Menschen, zu denen es Vertrauen haben kann. Wichtig ist auch die stetige Gegenwart anderer Kinder, mit denen es aufwachsen kann, wenn es selbst keine Geschwister hat. In der schwierigen Suche nach adäquaten Wohnformen erhoffen sich manche Rettung in einer Lebensform, die sie noch aus Studentenzeiten kennen: Die Wohngemeinschaft.

In dem launig daherplaudernden Buch »Das kleine Schwarze. Handbuch für die Frau«[98] nimmt das Kapitel »Alleinerziehend sein« gerade einmal fünf Seiten ein – deutlich weniger als das Kapitel »Brot backen«. Die drei Autorinnen raten in soziologisch unterfüttertem Jargon dazu, sich ein Netzwerk zu schaffen, das dem »matrilinearen Frauenclan« ähnelt. Gemeint ist die weibliche Verwandtschaft der Mutter, ihre Sippe, die in Zeiten vor der Individualisierung die Mutter mit dem Kind unterstützt hat. So gut waren die alten Zeiten sicher auch nicht, die Grenzen zwischen Bevormundung und Hilfe sind fließend. Deshalb empfiehlt das Handbuch: »Warum nicht mit anderen alleinerziehenden Müttern oder der Singlefreundin, die keine Kinder hat, aber gerne welche hätte, eine Wohngemeinschaft gründen? Dass es sich bei diesem sozialen Netz um Wahlverwandtschaften handelt, kann von Vorteil sein.«[99]

Gisela K. spricht nicht von »Wahlverwandtschaft«. Sie löste die Wohnungsfrage nach der Trennung vom Vater ihrer großen Tochter pragmatisch. Als Studentin hatte sie wenig Geld, Anfang der 90er Jahre war der Wohnungsmarkt in Berlin angespannt. Mit zwei kinderlosen Freundinnen zog sie in eine Wohngemeinschaft im Ostteil der Stadt, in Prenzlauer Berg, weil es dort genügend Plätze in Kindertagesstätten gab. Sie studierte im Westen, an der Freien Universität, und wohnte im Osten, wo sie ihren damals zweijährigen Sohn versorgt wusste. Die Kindertagesstätte hatte bis 18 Uhr geöffnet. Im Westen Berlins hätte sie nach solchen Betreuungsmöglichkeiten lange und vielleicht vergeblich gesucht. Die beiden Freundinnen waren ihre »Ersatzfamilie«, wie sie sagt. Abwechselnd holten sie die Tochter ein paar Jahre später aus der Ganztagsschule ab, auch das ist bis heute noch lange kein Standard-Schulmodell. Ein paar Mal nahm Gisela K. den Sohn in ein Seminar mit, das erst am Spätnachmittag begann. »Ich habe das schnell wieder sein lassen. Die Westfrauen hatten dafür kein Verständnis. Sie hatten sowieso eine völlig andere Auffassung vom Umgang mit Kindern und mit Freundschaften.« Eines, das weniger penibel unterschied zwischen Menschen mit Kindern und solchen ohne Kinder. Bei aller Pauschalisierung trifft eines sicher zu: Im Gegensatz zu ihren Studienkolleginnen aus der alten Bundesrepublik problematisierte Gisela K. das Alleinerziehen nicht. »Ich hatte ja in der DDR gesehen, dass es prinzipiell machbar ist.« Ohne hier auf die Situation Alleinerziehender in der DDR ausführlich eingehen zu können: Giselas Beobachtung hat nichts mit Verklärung und Nostalgie zu tun. Sie bestätigt nur, was auch in einem Gespräch mit Martina Krause, Geschäftsführerin des Alleinerziehenden-Selbsthilfevereins SHIA deutlich wird.[100] Kinder allein zu erziehen war selbstverständlicher in der DDR, es wurde nicht moralisch abgewertet. In den Umbruchsjahren 1989/90 gegründet, versuchte SHIA Errungenschaften und Selbstverständnis Alleinerziehender aus der DDR in die Bundesrepublik einzubringen. Martina Krause wehrt sich dagegen, nur den »Westen als Maßstab« anzulegen und die vielgescholtene Kinderbetreuung in der DDR rundum zu verdammen. Sie selbst lebte als alleinerziehende Studentin zu Beginn der 80er Jahre in einem Wohnheim für Studenten mit Kindern, vergleichbare Möglichkeiten gab es zu dieser Zeit in der alten Bundesrepublik nicht. Die meisten schwangeren Studentinnen brachen das Studium ab oder ließen das Kind bei den Großeltern aufwachsen – so wie es die Müttergeneration zuvor getan hatte.

Die Wohngemeinschaft, mit oder ohne ideologischen Anspruch, ist für viele Alleinerziehende keine ideale Lebensform. Zu unterschiedlich sind die Lebensrhythmen von Kinderlosen und Eltern. Auch hier muss die Aufgabenverteilung verhandelt werden, und selten klappt es so reibungslos wie bei Gisela K. und ihren Freundinnen. Unterschiedliche Altersstufen der Kinder können zum Problem werden. Wo der Dreizehnjährige lärmend pubertiert und die Grundschulkinder früh ins Bett gehen, sind Konflikte vorprogrammiert. Wenn dann jeder nur sein eigenes Kind verteidigt und die anderen maßregelt, entsteht schnell Unmut. Jede Familie braucht einen Raum für sich allein. Dem Bedürfnis nach Rückzug einerseits und Gemeinschaft andererseits entspricht ein anderes Modell, das allerdings viel Willenskraft und Ausdauer verlangt. Das LebensTraum-Haus in Berlin-Moabit, hervorgegangen aus der »Initiative Alleinerziehende gegen Wohnungsnot«, ist ein Beispiel dafür, was Alleinerziehende erreichen können, wenn sie entschlossen sind, sich nicht in die Isolation abdrängen zu lassen.

Das LebensTraum-Haus oder die Macht der Muskel-Hypothek

Auf dem Tisch steht eine wagenradgroße Pfanne, bis zum Rand gefüllt mit Reis, Gemüse, Muscheln, Garnelen und Fisch. Die

Bewohner des LebensTraum-Hauses in Berlin-Moabit laden ihre Freunde einmal im Jahr zum Paella-Essen ein. Auf den Bierbänken im Garten sitzen Kinder, Frauen, Männer, dazwischen eine hochbetagte Dame, sie lächelt still vor sich hin. Junge Frauen mit gepiercten Lippen und Augenbrauen schauen vorbei, Kleinkinder spielen auf der Wiese im Hof. Fotos werden herumgereicht. Eines davon zeigt eine kriegsbeschädigte Ruine: das Haus zwanzig Jahre zuvor. Aus dem zweistöckigen schmutzig-grauen Rudiment ist eines der markantesten Wohngebäude in Berlin-Moabit geworden. Die Fassade des Eckbaus mit den trapezförmigen Balkonen in der Lübecker Straße leuchtet in sanftem Gelb und Pfirsichrot. Der neugebaute Teil des nun fünf Stockwerke hohen Hauses steht auf einer Stelzenkonstruktion, die dem Koloss zusammen mit den großen Fensterfronten Transparenz verleiht. Auf dem Dach erzeugt eine Solaranlage einen großen Teil des Stroms. Die beiden Treppenhäuser sind im 5. Stock miteinander verbunden, eines davon besitzt einen Aufzug. Im Erdgeschoss gibt es ein Café, das unter der Woche auch für Besucher von außen geöffnet ist. Alleinerziehende, die vorübergehend in der Stadt sind, können für wenig Geld das Gäste-Appartement im Haus mieten.

Vier Jahre vergingen zwischen Baubeginn und Einzug, Zehntausende von Arbeitsstunden stecken in dem Gebäude, geleistet von einigen der Bewohner selbst. Zu den Pionieren, die heute noch im Haus leben, gehören die Pflegedienst-Leiterin Michaela Miehlich und der Ingenieur Gotthard Schulte-Tigges, der sich als »alleinerziehender Sohn einer alten Mutter« vorstellt. Michaela Miehlich hatte im Jahr 1990 einen Aushang der »Initiative Alleinerziehender gegen Wohnungsnot« am Schwarzen Brett des Vereins alleinerziehender Mütter und Väter (VAMV) gesehen und sich sofort gemeldet. Sie hatte gerade ihre Tochter zur Welt gebracht. Der Vater des Kindes hatte ihr gleich zu Beginn der Schwangerschaft eine Abtreibung nahegelegt. Er brach jede Verbindung zu ihr ab. Auch mit dem Kind wollte er nichts zu tun haben. Michaela Miehlich beschloss, ihr Kind allein zu erziehen. Ein Unglück, fanden ihre Eltern, die in einer süddeutschen Kleinstadt leben. Sie hatten mehr Angst vor dem sozialen Abstieg als sie. Michaela Miehlich, damals 24 Jahre alt, Krankenschwester in einer Berliner Klinik, sagte sich: »Du musst gucken, dass du nicht allein bleibst.« In der Gruppe wurde viel geredet. Jeden Sonntag. Die Frauen suchten Mitstreiter über Zeitungsanzeigen. Sie redeten wieder. Wie wollen wir leben? Als Wohngemeinschaft? Nehmen wir Männer auf? Gotthard Schulte-Tigges, der über Freunde dazukam, war lange Zeit der »Quotenmann«. Es blieb nicht beim Reden. Das Projekt nahm Gestalt an. Zunächst die eines gemeinnützigen Vereins, dann stieg die Berliner Selbstbaugenossenschaft ein, sie besorgte die Kredite bei der Bank. Eigenleistungen, die sie »Muskelhypothek« nannten, sollten wie Eigenkapital behandelt werden.

Dennoch: Die Bewohner des LebensTraum-Hauses sind allesamt Mieter. Ihren Genossenschaftsanteil erbrachten sie mit ihrer Arbeitskraft. »Wir hatten alle kein Geld. Die Frauen mit sehr kleinen Kindern haben auch keines verdient.« Im Jahr 1992 bot der Bezirk Tiergarten dem Verein das versehrte Eckhaus in der Lübecker Straße an. Sie zögerten nicht lange. Die Idee, nach einem Haus im Ostteil der Stadt zu suchen, hatten sie längst verworfen, eine der Frauen war schwarz und wollte mit ihren Kindern nicht im Osten leben. Eine andere hatte Kinder mit afrikanischem Vater. Die Frauen fürchteten Gewalt und Pöbeleien.

Also Moabit, ein Ortsteil, der nicht gerade anheimelnd klingt. Moabit ist ein Synonym für das dort ansässige Untersuchungsgefängnis. Ein Zeitungskolumnist nennt Moabit »soziales Katastrophengebiet«. Wenn man nur die Statistiken betrachtet, trifft das auch zu. Die Arbeitslosenzahlen gehören zu den höchsten von Berlin. Im Straßenbild reihen sich Trinkerkneipen aneinander. Auf den Spielplätzen hocken Jugendliche mit Bierflaschen herum. Den Hinterhof des Kanzleramts – noch ein Berliner Kosewort für Moabit – haben aber inzwischen auch Künstler als bezahlbaren Atelierraum für sich entdeckt. Zudem gibt es in Moabit ein Netz sozialer Einrichtungen, eine der vielen Beratungsstellen befindet sich heute im Erdgeschoss des Hauses.

Michaela Miehlich wohnte während der gesamten Bauzeit in Berlin-Friedenau, einem Viertel mit einer hohen Dichte an Lehrern und Verwaltungsbeamten. »Es war spießig, aber ich war froh, dass die Schulen gut waren. Bei den Elternabenden kam ich mir manchmal komisch vor. Das waren alles wohlsituierte Akademiker. Alle auch älter als ich.« Als ihre Tochter drei Jahre alt war, holte sie innerhalb von einem Jahr die Fachhochschulreife nach. Sie wollte Sozialarbeit studieren, gab aber nach einem Semester auf, weil sie das Studium nicht finanzieren konnte, auf Bafög-Zahlungen hatte sie keinen Anspruch. Ihr Geld verdiente sie als Krankenschwester bei einem ambulanten Pflegedienst. Im Schichtdienst der Klinik wollte sie nicht mehr arbeiten, »da hätte ich meine Tochter überhaupt nicht mehr gesehen«.

An den Samstagen schuftete sie auf der Baustelle. Morgens um acht ging es los. Der Altbau wurde entkernt, Putz von den Wänden geklopft, bis auf die tragenden Wände wurde das gesamte Haus entbeint. Sie klopften die alten Ziegelsteine ab, damit sie neu verbaut werden konnten. Ganz allein schafften sie es nicht: Ein Staatsanwalt ließ den Verein auf eine Liste von Beschäftigungsgebern für soziale Arbeit setzen. Bald traf

Samstags und Sonntagmorgens auch ein Trupp von Männern ein, die ihre Geldstrafen auf der Baustelle in der Lübecker Straße als Arbeitsstunden abtrugen. Später waren auch Häftlinge dabei, die Ausgang bekamen, wenn sie zuvor sechs Stunden soziale Arbeit geleistet hatten. Betreuer achteten darauf, dass alle Männer versammelt waren und nicht getrunken wurde. Michaela Miehlich erzählt: »Am Anfang haben sie versucht, uns Frauen vorzuführen. So in der Art: Die kriegen das nicht hin. Aber dann sahen sie, was Frauen erreichen und wie sie arbeiten können. Vermutlich haben wir sie auch ein wenig erzogen. Später kamen sie auch zu unseren Festen, mitsamt der Sozialarbeiter. Es war eine interessante Erfahrung, für uns und für sie.« Während die Mütter auf der Baustelle Steine klopften, wurden die Kinder von einer Erzieherin in einem Nachbarhaus betreut. Die Frau zog später auch ins Haus ein, zusammen mit ihrem Mann und ihren beiden Kindern.

Die Bauarbeiten zogen sich hin, es gab Rückschläge. Der Keller musste wieder geöffnet werden, weil sich herausstellte, dass das alte Fundament auf einer Torflinse stand. Das Haus wäre vermutlich irgendwann abgesackt. Unter den Frauen lichteten sich die Reihen, viele stiegen aus, weil sie den Einzugstermin in weite Ferne rücken sahen. So war es dann auch. Erst im Jahr 2001 zog Michaela Miehlich mit ihrer Tochter in die Wohnung, deren Grundriss sie zusammen mit der Architektin Anne Lampen nach eigenen Wünschen gestaltet hatte. Die Architektin war eine der Verbündeten, die das LebensTraum-Haus hatte. Noch bevor die Finanzierung feststand, war sie mit ihren Entwürfen in Vorleistung gegangen. Alle Wohnungen haben große Küchen. »Das ist der Mittelpunkt des Lebens«, sagt Michaela Miehlich.

Als Michaela Miehlich einzog, war ihre Tochter elf Jahre alt. Die meisten der anderen Kinder im Haus kannte sie von den

Bau-Wochenenden her. »Meine Tochter ist mit einem Tross von Kindern großgeworden. Sie ist ein sozialer Mensch.« Dennoch zeichnet Miehlich im Rückblick kein alternatives Idyll. Sie erzählt auch von den Konflikten mit ihrer Tochter. Die eskalierten, als die damals sechzehnjährige Tochter eines Abends eine Ratte mit nach Hause brachte. Nach einer heftigen Schreierei nächtigte die Tochter mit der Ratte vor der Tür. In langen Gesprächen, auch mit Sozialarbeitern des Jugendamts, beruhigten sich die Wogen. Heute macht die Tochter eine schulische Ausbildung als Erzieherin, danach will sie studieren. Sie lebt inzwischen mit einer Freundin zusammen. Die Mutter unterstützt ihre Tochter mit 500 Euro im Monat. Auch das ist ein Aspekt des Alleinerziehens in seiner extremsten Form, nämlich ohne jeden finanziellen Beitrag vom Vater. Bis die Tochter 26 Jahre alt ist, ist die Mutter alleine unterhaltspflichtig. Bitter ist Michaela Miehlich dabei nicht geworden. »Heißt es nicht, man soll in seinem Leben ein Haus bauen und ein Kind kriegen? Das habe ich gemacht. Es ist doch toll, was wir als Menschen gemeinsam schaffen können. Dieses unglaublich große Haus. Und ich glaube, jeden Stein hier hatte ich in den Händen.«

Den anderen Weg, den Michaela Miehlich hätte einschlagen können, als sie schwanger war, hat sie in einer Freundin vor Augen. Die Frau war allein mit ihrem Sohn in der süddeutschen Kleinstadt geblieben und lebt dort heute weitgehend isoliert. Umgeben von Familien, in denen Vater, Mutter, Kinder unter einem Dach wohnen, wurde sie mit ihrem Sohn zur Außenseiterin. Bei einem ihrer Besuche in der Welt ihrer Herkunft erlebte Michaela Miehlich, wie alleinerziehende Frauen vor dem Landrat buckelten, als sie um einen Ganztagskindergarten baten. »Sie entschuldigten sich noch dafür, dass sie alleinerziehend sind.« Von Berlin aus betrachtet, kann man so etwas exotisch finden. In Stammgebieten des kleinbürgerlichen Katholizismus schämen sich manche Frauen ihres alleinerziehenden Daseins. Der Blick der Anderen hat das Selbstbild beschädigt. Michaela Miehlich sagt:»Dort herrscht das Verständnis: Wer alleinerziehend ist, hat einen Fehler gemacht. Mir war es nie peinlich, alleinerziehend zu sein, und ich hatte nie das Gefühl, versagt zu haben.«

Inzwischen wird das LebensTraum-Haus immer wieder als »Mehr-Generationen-Haus« gepriesen, ein Modell, das derzeit Konjunktur hat. Es stimmt, sagt Michaela Miehlich,»wir altern nun gemeinsam«, aber die inzwischen erwachsenen Kinder ziehen weg. Gotthard Schulte-Tigges pflegt seine 93-jährige Mutter in seiner Wohnung. Auch ihm ist es wichtig, dass wieder Alleinerziehende ins Haus kommen. Da die Muskelkraft von Neuankömmlingen nicht mehr gebraucht wird, müssen sie einen Genossenschaftsanteil von etwa 4800 Euro einzahlen, der mit dem Auszug wieder zurückgegeben wird. Am Genossenschaftsanteil scheiterte der Plan, die einzige Wohnung, die in den letzten Jahren frei wurde, mit einer Ein-Eltern-Familie zu belegen. Alleinerziehende, die sich für die Wohnung interessierten, konnten das Geld nicht aufbringen. Eine türkische Großfamilie konnte es. Der Verein hat ein Vorschlagsrecht, wenn Wohnungen neu vermietet werden. Jetzt will er einen Fond einrichten, aus dem er die Summe vorstrecken kann, wenn ihn Alleinerziehende nicht sofort bezahlen können.

6. Der Geld-Komplex
Arbeit, Betreuung, Unterhalt

Das neue Unterhaltsrecht

Sonntagabend, 20.15 Uhr. Tatort-Zeit. Das Wochenende klingt mit einem Krimi aus dem sozialen Nahkampf aus. Am 12. September 2010 liefert die ARD-Serie unter dem Titel »Schmale Schultern«[101] ein juristisches Lehrbeispiel. Der Stoff: Das neue Unterhaltsrecht und seine Folgen. Die Hauptfiguren: Ein seit einigen Jahren geschiedenes Paar und zwei Kinder, die bei der Mutter leben, einer erbarmungswürdigen Kreatur. Tablettensüchtig und depressiv, mit 42 Jahren nicht mehr brauchbar für den Arbeitsmarkt, angewiesen auf die Unterhaltszahlungen ihres gleichaltrigen Exmannes, eines angestellten Bauzeichners, dem nach Abzug aller Fixkosten selbst gerade mal 250 Euro zum Leben bleiben. Verloren haben sie allesamt. Die pubertäre Tochter hasst den Vater und will ihn nicht sehen. Der neunjährige Junge macht sich regelmäßig in die Hosen. Die Exfrau wohnt mit den Kindern im vormals ehelichen Eigenheim, Garten und Pool sind verwahrlost, die Frau hält sich tapfer an Designermode aus besseren Tagen. Nun hatte der Mann eine deutlich jüngere Verlobte, die war schwanger, aber nicht lang. Gleich zu Beginn des Films sieht man sie zwischen den Müllcontainern im Hof liegen, den Schädel in einer Blutlache. Vom Balkon gestürzt. Oder gestürzt worden. Wie immer beim »Tatort« sind erst alle verdächtig, aber am Ende war es doch die, die das stärkste Motiv hat: Die Ex. Sie wäre durch die Zweitfamilie des Exgatten inklusive neuem Kind nämlich in der neuen Unterhalts-Rangordnung ganz nach unten gerutscht. De facto in »Hartz IV«, wie einer der Kommissare folgert. Ein tiefer Sturz aus der Gerade-Noch-Mittelschicht in die Niederungen einer Existenz, die sie sich bei der Eheschließung nicht hätte ausmalen können. Denn da gab es die Zielvorgaben »Stärkung der Zweitfamilie« und »Eigenverantwortung« noch nicht in Scheidungsverfahren. Stattdessen galt die Erhaltung des ehelichen Lebensstandards auch im Hinblick auf die gemeinsamen Kinder. Die Frau hatte ihren Beruf noch im Glauben zurückgestellt, über den Ehemann inklusive seiner Rentenversorgung schon irgendwie abgesichert zu sein. Eine fragwürdige Konstruktion, aber gängige Praxis trotz hoher Scheidungsraten.

Seit dem ersten Januar 2008 ist das neue Unterhaltsrecht in Kraft. Im Scheidungsfall ist derjenige, bei dem die Kinder leben, ab dem vollendeten dritten Lebensjahr des jüngsten Kindes voll erwerbspflichtig. Den Scheidungsfall hatte die Tatort-Mutter bei der Heirat nicht bedacht, fahrlässig verlor sie den Anschluss ans Berufsleben. Und so wird aus »Herzscheiße« – siehe Kapitel 3 über Trennungen – »Geldscheiße«, wie die Brigitte-Kolumnistin Julia Karnick treffend schreibt.[102] Offiziell, meint Karnick, sei das neue Unterhaltsrecht für die unehelichen Kinder gemacht. »In Wirklichkeit profitieren vor allem die, die sich den Luxus eines ganz neuen Lebens von nun an nicht nur wünschen, sondern auch leisten können – die Männer. Ich jedenfalls kenne keine einzige Frau, die mit 42 den Teilzeit arbeitenden Hausmann und die halbwüchsigen Kinder verlassen hat, um mit einem 29-Jährigen noch einmal ganz von vorne anzufangen. Das ist keine Meinung. Das ist eine Feststellung.«[103] Gleichzeitig ist es auch eine Warnung an den unter Brigitte-Leserinnen verbreiteten Typus der »Familienfrau«.

Die Hoffnung des Tatort-Exmanns auf einen Neuanfang hätten sich im Fall seiner Zweitfrau allerdings auch als trügerisch erwiesen. Sie war zwar schwanger, aber nicht von ihm. In weiser Voraussicht hatte sie sich einen zahlungsfähigeren Mann als Vater ihres Kindes ausgesucht. Einen Unternehmer, dessen Ehe mit der Enthüllung seiner folgenreichen Sexgeschichte dann auch den Bach runtergeht. Er hätte der Mutter des unehelichen Kindes und dem Kind ebenfalls Unterhalt zahlen müssen – auch das gehört zum neuen Unterhaltsrecht. Die Unternehmersgattin, attraktiv, Mitte vierzig, Mutter des gemeinsamen halbwüchsigen Sohnes, droht ihm am Ende mit Scheidung. Er nimmt es gelassen: »Ich hoffe, du hast einen guten Anwalt.«

Die Berliner Familienrechts-Anwältin Anke Mende hat den Film auch gesehen. Sie fand die Story etwas zu »vollgepackt«, aber juristisch – mit Einschränkungen – durchaus realitätsnah. Sie wirft einen überraschenden Blick auf das neue Scheidungsrecht. Ausschnitte aus einem Gespräch in ihrer Kanzlei in Berlin-Schöneberg:

Wem nutzt das neue Unterhaltsrecht?

Anke Mende: Für Familien, die jetzt erst entstehen, ist es auch eine große Chance, weil sie eine Vielzahl von Gestaltungsmöglichkeiten haben. Sie können untereinander vereinbaren, wer bis zu welchem Lebensalter des jüngsten Kindes zu Hause bleibt. Dafür kann man Regelungen treffen, die gibt es, sie werden aber nicht ausgeschöpft.

Viele junge Frauen und auch Männer wissen nicht, was sich geändert hat. Hat sich das Ende der Versorger-Ehe inzwischen herumgesprochen?

Anke Mende: Es hat sich eher als Schreckgespenst herumgesprochen. An Aufklärung fehlt es.

Können Sie feststellen, dass mehr Scheidungen eingereicht werden von Seiten des finanziell potenteren Partners, weil die Folgekosten für diesen nun überschaubarer sind?

Anke Mende: Nein, das kann ich so überhaupt nicht feststellen. Wir haben aber eine Vielzahl von Abänderungsverfahren gehabt. Fälle, in denen ursprünglich festgelegte Unterhalts-Zahlungen reduziert oder ganz gestrichen wurden.

Die ehemalige SPD-Justizministerin Brigitte Zypries hat einmal gesagt, das Prinzip »einmal Zahnarztgattin immer Zahnarztgattin« gelte jetzt eben nicht mehr. Wenn man an das gemeinsame Kind denkt, das dann eventuell bei dem ärmeren Elternteil lebt, heißt das: Einmal Zahnarztkind, immer Zahnarztkind gilt dann auch nicht mehr. Große Unterschiede in den Lebensstandards der beiden Elternteile können nun die Folge einer Scheidung sein. Diese Differenzen sollten im alten Recht ja gerade vermieden werden. Spielte das keine Rolle mehr?

Anke Mende: Dieses Argument ist durch die Argumente »Stärkung der Zweitfamilie« und »Stärkung der Eigenverantwortung« in den Hintergrund gerückt. Der Gesetzgeber sagt, dass das Kind seinen Standard von beiden Eltern ableitet – von einem, der den Barunterhalt für das Kind leistet und von einem, der den Naturalunterhalt leistet. Der Kindesunterhalt wird ja trotzdem an dem gemessen, was der Zahnarzt verdient. Wenn er denn noch was verdient. Interessanterweise gibt es ja gerade bei Selbstständigen plötzlich erhebliche Einkommensverschlechterungen im Zusammenhang mit der Trennung.

Sie sprechen ironisch von denen, die sich »arm rechnen«.

Anke Mende: Ja.

Kann es sein, dass viele Politiker die Zweitfamilie stärken wollen, weil sie selbst eine gründen? Man muss sich ja nur ansehen, wer sich da alles enorm verjüngt mit neuer Partnerin? Aus welchen Parteien kam der stärkste Druck zur Reformierung des Unterhaltsrechts?

Anke Mende: Es ist interessant, dass die Forderung »Stärkung der Zweitfamilie« vor allem aus dem konservativen Lager unterstützt wurde, aus der CDU/CSU.

Gegen Eigenverantwortung ist nichts einzuwenden.

Anke Mende: Nur sind die gesellschaftlichen Voraussetzungen dafür noch nicht da.

Es fehlt an Ganztagskindergärten, Ganztagsschulen und an einer flexiblen Kinderbetreuung. In Baden-Württemberg etwa lag der Anteil der Ganztagsschulen im Schuljahr 2008/ 2009 bei 20 Prozent, darunter einige mit »offenem« Betrieb, das heißt, die Kinder sind am frühen Nachmittag manchmal schon wieder da.

Anke Mende: Ich kenne einige Frauen, die in den alten Bundesländern Kinder großgezogen haben, die heute zwischen zehn und 14 Jahre alt sind. Da schloss der Kindergarten um 12 Uhr und machte um 14 Uhr wieder auf. Krippen gab es gar nicht. In der Grundschule standen die Kinder oft um halb zwölf schon wieder vor der Tür, dafür begann die Schule am nächsten Tag um halb zehn. Unter solchen Bedingungen konnten diese Frauen nicht oder nur geringfügig berufstätig sein. Für Frauen, die in einer traditionell geführten Ehe gelebt haben, ist das neue Unterhaltsrecht völlig verquer. Sie hatten einen gewissen Standard – im Hartz-IV-Bereich braucht man ja über Ehegatten-Unterhalt gar nicht zu reden. Ich kenne viele solche Familien: Da kannte sich das Paar aus dem Studium, beide sind Mediziner oder Juristen, und sie bleibt wegen der Kinder zu Hause. Es ist ja auch inzwischen Mode in diesen Kreisen, mehr als ein, zwei Kinder zu haben. Die Frau ist es dann, die Hausaufgabenbetreuung und Klavierunterricht sicherstellt, er macht Karriere. Aber das neue Unterhaltsrecht tut so, als handle es sich um »eine Anpassung an die existierenden Veränderungen in der Gesellschaft«. So wird argumentiert. Aber das stimmt nicht. Es ist eine Gemeinheit gegenüber diesen Frauen.

Woran krankt das neue Unterhaltsrecht?

Anke Mende: Der Gesetzgeber hat es verpasst, eine Übergangslösung zu schaffen. Warum muss das neue Unterhaltsrecht sofort für alle gelten? Man hätte einen Bestandsschutz mit hineinnehmen können, so dass Frauen ab Ende vierzig, fünfzig nach längeren Ehen durch einen unbefristeten Unterhalt abgesichert sind. Von mir aus geschmälert. Denn wenn die Kinder älter sind, ist es zumutbar, auch zur Entlastung des ehemaligen Ehemanns, einer Erwerbstätigkeit nachzugehen. Und es tut ja auch der Frau gut, eine andere Bestätigung zu haben. Aber dass diese Frauen in der Übergangszeit, in der wir leben, so runterfallen, finde ich fürchterlich.

Man könnte sagen, diese Frauen sind selbst schuld. Schließlich haben sie sich auf dieses Modell eingelassen.

Anke Mende: Nein, es war gemeinsam gewollt. Und mit der Trennung wird dieses Modell aufgekündigt, manchmal gemeinsam, manchmal auch einseitig, und dann fallen diese Frauen wirklich zig Etagen runter. Nehmen wir einmal zwei dieser typischen parallelen Biografien: Beide sind Mediziner. Als junge Ärzte gründen sie eine Familie, sie bekommen drei Kinder, die Frau will neben der Kindererziehung eine Facharztausbildung machen. Versuchen Sie das mal, wenn Sie noch drei kleine Kinder zu versorgen haben! Normalerweise dauert eine Facharztausbildung etwa fünf Jahre, wenn Sie das in Teilzeitarbeit machen – diese Möglichkeit gibt es inzwischen – brauchen Sie dafür zehn Jahre. Dann haben wir bei der Scheidung – etwa zehn Jahre nach der Heirat – eine Frau, die mit nicht abgeschlossener Facharzt-Ausbildung dasteht, während er schon seit fünf Jahren Chefarzt ist. Ich habe da einige Mandantinnen.

Kennen Sie Fälle, in denen die Kinder dann zu demjenigen gezogen sind, der materiell besser dasteht?

Anke Mende: Das kommt selten vor. Viele Frauen haben diese Befürchtung. Oft höre ich: »Ich habe doch gar keine Chance gegen ihn, weil er sich besser darstellen kann, weil er mehr bieten kann.« Und gerade das ist vor Gericht kein Argument. Wenn, dann läuft es über die Instrumentalisierung oder Manipulation von Kindern, die dann auch schon ein gewisses Alter haben. Auch diese Fälle kommen vor, sie sind aber nicht so häufig. Wenn das geschieht, hat es meistens damit zu tun, dass die Elternebene auch sonst nicht stimmt, dass die Eltern nicht an einem Strang ziehen. Aber dass es das rein Materielle ist, das Kinder zum anderen Elternteil rüberzieht, habe ich eigentlich noch nie erlebt. Davor haben die Frauen große Angst. Aber wir haben hier schon Achtjährige gehabt, die in der Kindesanhörung gesagt haben: »Der Papa hat wieder versucht, mich zu kaufen.« Das durchschauen Kinder.

Zu Ihnen kommen Männer und Frauen, deren Ehe gescheitert ist. Was würden Sie jungen Paaren raten, die dabei sind, eine Familie zu gründen?

Anke Mende: Zunächst ist einmal ganz klar: Heute sollte niemand mehr voll aus dem Beruf aussteigen wegen der Kindererziehung. Und wenn, dann nur mit einer entsprechenden Absicherung.

Zum Beispiel über einen Ehevertrag?

Anke Mende: Ja, aber auch über Vorkehrungen zur Altersvorsorge. Der Versorgungsausgleich ist nicht ausreichend, denn da wird ja am Ende nur geteilt, was einer während der Ehe mehr als der andere an Versorgungsanwartschaft erwirtschaftet hat. Das ist natürlich nicht so viel, wie das, was jemand bekommt, wenn er sich eine eigene Altersversorgung aufgebaut hätte. Es ist ganz wichtig, dass man sich zusammensetzt und sich darüber klar wird, welche Nachteile wem entstehen können und wie das ausgeglichen werden kann.

Das sollte man möglichst dann tun, wenn man sich noch versteht. Bei Ihren Mandanten ist es dafür schon zu spät.

Anke Mende: Nein, wir haben ehemalige Paare in der Mediation, die machen sich darüber viele Gedanken. Und es kommen auch Paare vor der Heirat oder in Lebensgemeinschaften, die mit mir Regeln erarbeiten wollen, wie sie in finanzieller Hinsicht miteinander umgehen. Auch Paare, die nicht täglich zusammenleben und aus beruflichen Gründen pendeln, kommen, um sich beraten zu lassen. Sie wollen ihr Zusammenleben regeln, wenn Kinder da sind.

Eigentlich sollte man also bei der Heirat gleich einen Eheschei-dungs-Folgevertrag vereinbaren? Keine romantische Vorstel-lung.

Anke Mende: Ja, aber das wäre das Beste.

Arm und allein

Das Bild der armen Alleinerziehenden hat sich in der öffentli-chen Wahrnehmung festgesetzt. Eine problembeladene Rand-gruppe, bedauernswert, aber zum Glück eine Minderheit. In einer Reihe mit Arbeitslosen, Behinderten und Migranten erschien das Porträt einer alleinerziehenden Mutter auf einer Plakat-Aktion der Diakonie. »Lass mich nicht allein«, steht über den Bildern. Ein solcher Hilferuf wirkt infantil in einer Zeit, die Unabhängigkeit zur höchsten Prämisse macht. Kann jemand, der zugibt, dass er sich allein und überfordert fühlt, in einer solchen Gesellschaft wirklich mit Empathie rechnen? Am Erfolg der sozialdarwinistischen Rhetorik viele Politiker lässt sich eine andere Tendenz erkennen. Wer als Erwachsener nicht für sich sorgen kann – und das auch gar nicht will, wie es Sozialreformer unterstellen – wer also Transfer-Leistungen bezieht, wird nicht als respektabler Bürger der Gesellschaft an-erkannt. Das ist keine neue und auch keine auf Deutschland beschränkte Erscheinung.

Einer der bedeutendsten Theoretiker dieser Zeit, der amerika-nische Soziologe und Historiker Richard Sennett, gibt in sei-nem Buch »Respekt im Zeitalter der Ungleichheit« Einblicke in die Verflechtungen von Abhängigkeit, Schamgefühl und An-erkennung.[104] Als Kind einer alleinerziehenden Mutter in einer Sozialsiedlung von Chicago aufgewachsen, schreibt er aus einer inneren Kenntnis heraus. Erlebnisse und Empfindungen seiner Kindheit in der Cabrini-Siedlung hatten seinen Blick für soziale Ungleichheit früh geschärft. Sein Selbstbewusstsein nährte sich lange davon, dem Milieu seiner Herkunft entkommen zu sein, einer Umgebung, in der die mütterliche Zwei-Zimmer-Wohnung voller Bücher und klassischer Musik ein fremder Kosmos war. Sennetts Mutter, eine geachtete Sozialarbeiterin, schrieb Kurzgeschichten über das Leben in Cabrini. Schon früh vom Vater ihres Sohnes verlassen, war sie in finanzielle Bedrängnis geraten und konnte sich viele Jahre keine andere Wohngegend leisten.

Sennetts hochkomplexes Denken hat nichts gemein mit jener von Biologismen durchsetzten populistischen Sozialstaats-Kritik, die derzeit in Deutschland die öffentliche Diskussion besetzt. Sennetts Blick auf die Armut der Siedlung ist unsentimental und ohne Wertung, er schürt weder Angst noch Abscheu. Präzise lotet er die unterschiedlichen Zugehörigkeiten und Strategien der Bewohner aus. Die Weißen schämten sich innerhalb der rassistischen Gesellschaft der USA in den 40er und 50er Jahren ihrer erzwungenen Nachbarschaft zu den Schwarzen. Die Schwarzen taten alles, um die Aufmerksamkeit der Behörden und der Polizei nicht auf sich zu lenken, sie hatten ihre Erfahrungen mit der Obrigkeit. Sozialarbeiter nahmen sich der Bewohner Cabrinis auf unterschiedliche Weise an. Die einen mit verletzender Patronage und einem erniedrigenden Jargon aus »Psychokauderwelsch«. Die anderen mit einer zunächst befremdlichen »Reserviertheit«, einer Zurückhaltung, in der sich paradoxerweise Achtung ausdrückte.[105] In einem Kapitel mit dem Titel »Die Schande der Abhängigkeit« umreißt Sennett die Traditionslinie der Verachtung abhängiger Menschen in der politischen Philosophie von Kant bis hin zu den Reformern des Sozialsystems in heutiger Zeit.

Im Hinblick auf das Bild alleinerziehender Frauen in Deutschland sind Sennetts Reflexionen und Schilderungen erhellend. Die lange Geschichte von Scham infolge von Abhängigkeit findet ihren Nachhall darin, dass alleinerziehende Frauen nicht als »arm« wahrgenommen werden wollen. Diese Haltung spiegelt sich auch in den Publikationen des Vereins alleinerziehender Mütter und Väter (VAMV) wieder. Die Sozialwissenschaftlerin Gisela Notz sagte auf einer Tagung im Juni 2009 über alleinerziehende Frauen:

»Von den Müttern aus ›normal besetzten‹ Familien unterscheiden sie sich nicht, außer, dass sie sich häufiger alleine ernähren können und das auch wollen. Wenn es mehr Kindertagesstätten und besser bezahlte Jobs gäbe, könnten sie das noch besser. ›Alleinerziehende‹ wehren sich mit Recht dagegen, per se als arme Frauen zu gelten.«[106]

Wer arm ist, oder auch nur dafür gehalten wird, muss sich schämen. Das hat viel damit zu tun, dass der Begriff aus dem Schicksals-Zusammenhang gelöst und dafür in einen Schuld-Zusammenhang gestellt wurde. In einen Topf mit den Armen geworfen zu werden, muss deshalb vermieden werden. Die angebliche »Wehrhaftigkeit« der finanziell autonomen Alleinerziehenden gegenüber den Abhängigen spricht für sich. Es ist fraglich, ob diese Abgrenzung – so sie denn überhaupt stattfindet – denen hilft, deren Existenz sich nicht leugnen lässt. Auch Gisela Notz verleugnet sie nicht. Im Gegenteil: Sie liefert jene bedrückenden Zahlen, die in den Armutsberichten der Regierung bestätigt werden: »Sechzig Prozent der Kinder, das sind 650.000, die von Sozialgeld leben, leben in Ein-Eltern-Familien, 85 Prozent bei der Mutter. Nach Angaben des Instituts für Arbeitsmarkt- und Berufsforschung vom Juli 2007 sind Alleinerziehende die Gruppe, die am längsten im ALG-II-Bezug verbleibt.«[107] Im Herbst 2010 leben 640.000 Alleinerziehende in Deutschland von ALG II. (Der Terminus Hartz IV ist veraltet).

Entgegen aller Versprechen, Alleinerziehende zu unterstützen, beschloss die schwarz-gelbe Regierung im Zug ihres Sparprogramms den ALG-II-Empfängern unter den Alleinerziehenden das Elterngeld ab 2011 zu streichen. Die Begründung: Elterngeld sei Lohnersatz für pausierende Berufstätige. Es entbehrt jeder Logik, dass Hausfrauen und Studenten die 300 Euro monatlich im ersten Lebensjahr des Kindes dennoch bekommen. In einem Kommentar, der sich mit den Paradoxien der Familien- und Arbeitsmarktpolitik beschäftigt, heißt es in der »ZEIT«: »Tatsächlich geht es beim Elterngeld immer auch um eine Anerkennung der Erziehungsleistung, wie die Bundesregierung kürzlich in einer Stellungnahme selbst betonte. Diese Anerkennung verdienen aber auch die allermeisten Single-Eltern.«[108]

Als arm gilt in den Industrienationen, wer weniger als 50 Prozent des Nettoäquivalenzeinkommens zur Verfügung hat. Die Kluft zwischen arm und reich wird größer. Das Deutsche Institut für Wirtschaftsforschung hat über ein Jahrzehnt lang die Einkommensentwicklung unterschiedlicher Bevölkerungsgruppen untersucht. Im Sommer 2010 folgerten die Soziologen und Ökonomen: »Auf der einen Seite steigt die Zahl der Menschen, die im Luxus leben, und auf der anderen Seite die Zahl derjenigen, die mit niedrigem Einkommen auskommen müssen oder sogar arm sind.«[109] Unter diesen Menschen mit niedrigem Einkommen sind allen Phrasen von der längst erreichten Gleichberechtigung zum Hohn, überproportional viele Frauen. Wie das mit dem Muttersein und mit dem Alleinerziehen zusammenhängt, hat Cathrin Kahlweit im April 2010 in der »Süddeutschen Zeitung« eindringlich analysiert. In ihrem

Leitartikel »Die Not der neuen Mütter« heißt es – nach einem Hieb gegen unterhaltssäumige Väter:

»Viel brisanter aber ist ein Arbeitsmarkt, der Frauen, zumal Mütter, strukturell benachteiligt: Da, wo besonders schlecht gezahlt wird, wo der Kündigungsschutz ausgehöhlt ist und Jobs auf Lebenszeit eine Seltenheit werden, da arbeiten besonders viele Frauen. Denn hier gibt es die Halbtagsjobs, die Minijobs, die Niedriglohn-Maloche auf Stundenbasis, die Mütter sich leisten können. Wer sein Kind mittags aus dem Kindergarten abholen muss, weil der zumacht, der kann schlecht bis zwanzig Uhr an der Kasse stehen. Wer Kleinkinder zu versorgen hat, der kann schwerlich Schichtdienst, Nachtdienst oder gar lange Schulferien und geschlossene Kitas durchstehen. Wo immer stärker dereguliert und flexibilisiert wird, weil Mobilität erwartet und Krankheit bestraft wird, da können selbst flexible, gut organisierte, einsatzwillige Mütter oft nicht mithalten. Wenn sie, angesichts anderer Bewerber ohne Kinder, überhaupt eingestellt werden.«[110]

Dennoch finden sich auch in Berufen mit Schichtdienst und Dienstplänen jenseits der Arbeitszeiten von Beamten und Angestellten im öffentlichen Dienst viele alleinerziehende Frauen.

70 Prozent der Arbeitnehmer mit Niedriglöhnen sind weiblich.[111] Die Kassiererin, die Kellnerin, die Freiberuflerinnen in Branchen, wo je nach Geschäftslage Aufträge vergeben werden oder ausbleiben. »Verdient eine alleinerziehende Mutter von zwei kleinen Kindern weniger als 1400 Euro brutto, lohnt sich die Berufstätigkeit nicht«[112], laut OECD-Ökonom Herwig Immervoll. Bei einem Bruttolohn von 2300 Euro habe eine Single-Mutter mit zwei Kindern rund 230 Euro mehr übrig als wenn sie von staatlicher Unterstützung lebe.[113] Diese Diskrepanz ist

auch das Einfallstor zur Aggression gegen alleinerziehende ALG-II-Empfängerinnen. Ihr Fernbleiben vom Arbeitsmarkt wird ihnen als Bequemlichkeit angekreidet. Es mag alleinerziehende Mütter und Väter geben, die sich in der Transferabhängigkeit eingerichtet haben, ohne sich dabei um ihre Kinder zu kümmern, das lässt sich nicht leugnen. Beim Thema »Unterhalt« wird davon zu sprechen sein.

Dass Arbeit einen Wert hat, auch wenn der Lohn gering ausfällt, mag die Kassiererin anders für sich beantworten als die freie Übersetzerin. Oder auch nicht. Warum sollte für alle derselbe Maßstab gelten? Kathrin V. jedenfalls liebt ihre Arbeit, auch wenn sie mit 2000 Euro Einnahmen brutto im Monat schon sehr froh ist. Sie will keine »Aufstockerin« werden, also ergänzend ALG II beziehen, auch wenn sie allein von ihrer Arbeit nur bescheiden leben kann. Über ihre Ruhe wundert sie sich oft selbst. Nur einmal hatte sie das Gefühl, dass ihr die Kontrolle über ihr Leben entgleitet: Als bei einer gynäkologischen Routineuntersuchung ein Tumor entdeckt wurde. Es war kein Krebs. Ihre Tante hat nun Geld für das Studium der Kinder angelegt.

Frauen wie Kathrin M. verzichten auf vieles, was andere erwerbstätige Frauen selbstverständlich für sich beanspruchen: Urlaub, Restaurantbesuche, neue Kleidung und Kosmetik. Viele sind sogar stolz auf ihre »Fähigkeit zum Verzicht«. Aber sie leben in einer dauernden Überforderung, die krank machen kann. Eine private Altersvorsorge können solche Frauen nicht aufbauen. Oft lösen sie, wie Kathrin M., private Altersversicherungen weitaus vor der Zeit und mit großen Verlusten auf, weil sie sonst in Liquiditäts-Schwierigkeiten geraten.

»Ich verschwende meine Zeit nicht mit Oberflächlichkeiten!«

Wenn hier die Geschichte von Sabrina M. erzählt wird, dann nicht um vorzuführen, wie jemand mit relativ wenig Geld zurechtkommt. Dieses Stück ist abgespielt, ebenso wie die Sozialreportagen, in denen Journalisten das immergleiche Bild der alleinerziehenden Klage-Mutter heraufbeschwören. Sabrina M. ist eine von jenen 40 Prozent alleinerziehenden Müttern, die von sozialen Transferleistungen leben. Paradoxerweise ist dies jene Gruppe, die zum Synonym der alleinerziehenden Mutter schlechthin geworden ist. Je nachdem, wer sich ihrer öffentlich annimmt, ist sie es auch, die am meisten bemitleidet oder diskreditiert wird.

Das erste Treffen mit Sabrina M. findet in einem Familienzentrum in Leipzig statt. In einem großen Raum im Erdgeschoss sitzen zwanzig Frauen in einem »Profiling«-Seminar, in dem sie eigene Stärken und Schwächen erkennen und Bewerbungs-Strategien lernen sollen. Es sind junge alleinerziehende Mütter, die seit einiger Zeit arbeitslos sind. Das vierwöchige Seminar wurde ihnen von einem Jobcenter »zugewiesen«, wie es in der Amtssprache heißt. Einige von ihnen haben bereits eine Berufsausbildung, können oder wollen in diesem Beruf aber nicht mehr arbeiten. Ihre Kinder spielen draußen im Garten, Erzieherinnen und Erzieher kümmern sich um sie. Die älteren Kinder erproben ihre Kräfte an der Kletterwand, die jüngeren buddeln im Sandkasten. Eigentlich ein Idealzustand: Mama arbeitet jeden Tag vier Stunden an ihrer beruflichen Zukunft. Ein paar Meter entfernt wird ihr Kind gut versorgt. Doch von den zwanzig Müttern sind selten alle anwesend. Die meisten haben Kinder unter drei Jahren, die sind oft krank, häufig stecken sie auch ihre Mütter an. Für Alleinerziehende sind die ersten Lebensjahre des Kindes, in denen sich das Immunsystem noch entwickelt, doppelt hart. Zwölf Infekte im Jahr sind normal. Das Programm »Berufsqualifizierung und Arbeitsmarktintegration« wird im Rahmen der Initiative »Gute Arbeit für Alleinerziehende« vom Bundesministerium für Arbeit und Soziales und dem Europäischen Sozialfonds gefördert und lief im Herbst 2009 an.

Zwei Frauen sind am Ende des Seminars bereit, über ihre berufliche Lage zu sprechen. Manuela R., 30, gelernte Köchin, arbeitete zuletzt in einem Vier-Sterne-Hotel. Das hieß: Arbeitszeiten bis spät in die Nacht und am Wochenende. Nach der Geburt ihres Sohnes vor drei Jahren zerbrach die Beziehung zum Vater des Kindes. Die Arbeit im Hotel lässt sich für Manuela nicht mehr vereinbaren mit der Betreuung ihres Sohnes. Sie möchte eine Umschulung zur Floristin machen, stieß beim Jobcenter damit aber auf Widerstand. »Dafür sind Sie zu alt«, entgegnete ihr eine Beraterin. »Suchen Sie sich einen Job, bei dem Sie hinterher eingestellt werden.« Im »Profiling«-Seminar wurde ihr geraten, sich von solchen Entmutigungen nicht verrückt machen zu lassen. Auch private Personalservice-Agenturen werden von den Coachs nicht grundsätzlich verteufelt. Den Trainerinnen liegt daran, die Frauen aus der Passivität herauszuholen. Arbeitslosigkeit, das sehen sie hier, führt zu einem Gefühl des Ausgestoßenseins. Je rigider Sozialamt und Jobcenter auftreten, desto mehr fallen die Frauen in die Opferhaltung zurück. Eine Umschulung, wie sie sich viele Frauen wünschen, kostet Geld. Die Jobcenter unterliegen Haushaltssperren. Die Coachs raten den Frauen, realistische Einschätzungen des eigenen Profils zu entwickeln. Sie nennen die Lernziele, um die es in den Kursen geht: Verantwortungsgefühl, Stressmanagement, Kreativität. Pragmatismus, Netzwerkfähigkeit. Ein wenig viele Abstrakta, aber etwas, das Alleinerziehende im Grund täglich trainieren. Es gibt geballte Vorurteile gegen alleinerziehende Frauen auf dem Arbeitsmarkt. Mangelnde Flexibilität etwa, was sich entkräften lässt, wenn die Frau sich bereits überlegt hat, wie und wann sie ihr Kind betreuen lassen kann. Die Trainerin legt den Frauen nahe, sich schon während der Elternzeit um Praktika zu kümmern – in den Berufen, die sie im Auge haben, wenn sie im erlernten nicht mehr arbeiten können oder wollen. Floristin – das klingt vernünftig. Und ja, Manuela R. hat auch schon mal in einem Blumenladen gearbeitet. Man rät ihr, direkt zu den Geschäften zu gehen und dort als Praktikantin Erfahrung zu sammeln. Ob das hilft? Es ist ihr zu wünschen. Die Dreißigjährigen gelten als Generation Praktikum: Sie bekommen Kinder, noch bevor sie auf dem Arbeitsmarkt Fuß gefasst haben.

Nie richtig in Gang gekommen ist auch Sabrina M.s Berufstätigkeit. Doch die 35-jährige Frau strahlt Stärke und Lebenserfahrung aus – Persönlichkeit. Sie macht nicht den Eindruck, als bräuchte sie jemanden, der ihr beibringt, wie man sich »aufstellt«, um im Jargon der Coachs zu bleiben. Das Leben hat ihr so viel abverlangt, dass sie Wesentliches und Unwesentliches unterscheiden kann.

Sabrina M. hat drei Kinder. Ihre Zwillingstöchter sind 12, der Junge acht Jahre alt. Das, was man eine Erwerbsbiografie nennt, hat sie kaum vorzuweisen. Dafür eine Ausbildung, die ihr heute nichts mehr nützt. Nach dem Gymnasium erlernte sie den Beruf der Illustratorin. Das war Mitte der Neunziger Jahre, – »zu analogen Zeiten«, sagt Sabrina. Seither hat sich vieles verändert. Jetzt möchte sie eine Ausbildung zur Webdesignerin absolvieren. Noch hat sie keine Umschulung bewilligt bekommen. »Es scheiterte an der Finanzierung.« Immer wieder hilft sie ihrem Bruder, der eine kleine Firma für Druckerei-Erzeugnisse führt, bei der Gestaltung von Broschüren. Er kann sie nicht einstellen, das Unternehmen wirft zu wenig ab. Sabrina M. sucht seit fast vier Jahren Arbeit und ist beim Jobcenter als »voll arbeitsfähig und einsetzbar« eingetragen. Das war sie auch schon, als der Sohn ins letzte Kindergarten-Jahr kam. An zwei Weiterbildungs-Maßnahmen hat sie teilgenommen, eine davon, bei der Qualifizierungs-Firma System Data, dauerte ein dreiviertel Jahr. Dort lernte sie, wie man Fixkosten hochrechnet und einen Budgetplan erstellt.

Vor zwei Jahren belegte Sabrina M. einen Pflegebasis-Kurs. Das Jobcenter hatte ihr vorgeschlagen, einen Pflege-Beruf zu erlernen. Alleinerziehende in die Pflege schicken zu wollen, ist inzwischen Usus geworden, beobachtet die SHIA-Geschäftsführerin Martina Krause. Offenbar glaubt man in den Jobcentern, damit zwei Probleme gleichzeitig aus der Welt zu schaffen: Die transferabhängigen Alleinerziehenden und den Pflegekräfte-Mangel. Wer dann aber die Kinder betreuen soll, während der unorthodoxen Arbeitszeiten im Pflegebereich, wird dabei nicht bedacht. Ambulante Pflegedienste bezahlen oft schlecht. Keine Zeit für die Kinder, dafür wenig Geld. Michaela Miehlich, die das LebensTraum-Haus (siehe Kapitel 5) mitbegründete, hat es dennoch jahrelang geleistet. Aber sie hatte auch nur ein Kind zu versorgen und nicht drei wie Sabrina M.

Erst bei der zweiten Begegnung in einem Café in Leipzigs Südvorstadt erzählt Sabrina M. ihre persönliche Geschichte. Sie wirft lange Schatten, noch immer.

Als 1998 ihre Zwillinge zur Welt kamen, war sie 22 Jahre alt und bereits vier Jahre mit ihrer Jugendliebe verheiratet. Was auf den ersten Blick wie eine altmodische Romanze aussieht, wuchs sich zum Albtraum aus. Ihr Mann, von Beruf Versicherungskaufmann, verstrickte sich in betrügerische Geschäfte. Briefkastenfirmen in der Schweiz, faule Grundstücksverkäufe, Kredite, die er sich von seiner Ehefrau mit unterschreiben ließ. Das Ausmaß seiner kriminellen Machenschaften wurde Sabrina M. erst während der zweiten Schwangerschaft bewusst. Als sie im vierten Monat war, kam die Polizei und durchsuchte die Wohnung. Im fünften Monat erlitt Sabrina M. eine Fehlgeburt, sie verlor eines der beiden Kinder, auch die zweite war eine Zwillingsschwangerschaft. Noch im selben Monat, im Mai 2002, trennte sie sich von ihrem Mann, der kurz nach ihr noch eine andere Frau geschwängert hatte. Die Scheidung dauerte vier Jahre, weil ihr Mann die Dokumente für den Renten-Versorgungsausgleich nicht beibrachte. Die Kinder wollte er mal sehen, mal nicht. Wegen Betrugs kam er kurz nach der Scheidung in Untersuchungshaft. Im November 2006 brachte er sich im Gefängnis um. Es war ein Schock für sie, auch noch so viele Jahre nach der Trennung. Sabrina M. sagt: »Er hatte liebenswerte Seiten. Er war intelligent, konnte hilfsbereit und einfühlsam sein. Aber er hat sich entschieden, die Kehrseite auszuleben.« Seine Persönlichkeitsveränderungen schreibt sie auch der Droge zu, die der Mann in den letzten Jahren der Ehe konsumierte: Kokain.

Im Versuch, ihr Leben vor der Trennung zu verstehen, schont sie sich nicht: »Ich war unbedarft, und ich habe Anerkennung daraus gezogen, mich für andere aufzugeben. Während der Ehe war ich finanziell hundertprozentig von ihm abhängig.« Aufgewachsen sei sie auf dem Dorf, in einer Familie, in der die Mutter gegenüber dem tyrannischen Vater nicht aufzumucken wagte. »Männer haben doch nie was falsch gemacht auf dem Land.« Sprüche wie »vieles erdulden, wenig erwarten« prägten ihre Kindheit. Der Ehemann hatte mit ihr leichtes Spiel. Bei seinem Tod hinterließ er 130.000 Euro Schulden. Weil Sabrina während der Ehe einen der Kredite unterschrieben hatte, zahlt sie noch einen Teil davon ab. Wie viel mag sie nicht sagen.

Ihr finanzielles Budget nennt sie »Patchwork-Geld«. Es besteht aus der Halbwaisen-Rente für ihre Kinder, einer Erziehungsrente, dem Kindergeld und ergänzendem Arbeitslosengeld (ALG) II. Insgesamt sind das 1.800 Euro. Davon zahle sie einen Teil der Miete für die Dreizimmer-Wohnung, Hortkosten, Schulessen, Fahrgeld und die monatlichen Raten für den Kredit. Was sie sonst ausgibt, begrenzt sie strikt: »Ich hebe einhundert Euro in der Woche ab, und das muss reichen.« Der Junge hat Klavierunterricht, die Töchter lernen Karate. Einmal in der Woche geht sie »zur Tafel« in einem Gemeindezentrum der evangelischen Kirche. Dort werden Lebensmittel, die kurz vor dem Verfallsdatum stehen oder gespendet wurden, von ehrenamtlichen Helfern an Sozialhilfe-Empfänger verteilt, eine Praxis, die Kritiker der »Tafeln« als Etablierung einer Schattenwirtschaft bezeichnen. Sabrina M. sagt, sie spare damit 120 Euro im Monat. »Vorne im Saal zieht man eine Nummer, und wenn man Glück hat und die Nummer klein ist, hat man die Auswahl.« Alles gehe sehr ruhig vonstatten. »Die Leute sind offen und freundlich, die meisten haben sich mit ihrer Situation arrangiert.« Sie nimmt Obst, Gemüse und Brot mit. »Brot und Brötchen friere ich manchmal ein.« Sie kocht gern und möglichst gesund. Wie ihr überhaupt Gesundheit viel bedeutet. Der Junge ist Asthmatiker. Jedes Jahr, bevor die Grippewelle in Berlin anrollt, lassen sie sich alle gegen Grippe impfen. Einmal im Jahr lässt sie die ganze Familie untersuchen, »wie beim TÜV«. Kleinere Katastrophen bleiben nicht aus. Voriges Jahr wurde der Junge von einem Auto angefahren und musste drei Tage in der Klinik bleiben. Sabines Schwester kam aus dem zweihundert Kilometer entfernten Dorf und stand ihr bei.

Sabrina M. sagt: »Ich bezeichne mich und meine Familie als finanziell arm, aber es gibt noch andere Werte im Leben. Familiärer Zusammenhalt, Zuwendung, Zuneigung. Aber die Kinder finanziell ärmerer Menschen sind belasteter. Sie haben einen Riecher für die Sorgen ihrer Eltern, auch wenn ich nicht darüber rede, spüren sie, was mich bedrückt.« Sie möchte, dass ihre Kinder eine »soziale Ader« entwickeln, und sie möchte, dass sie sich zufrieden und ohne falsche Erwartungen entwickeln. Erwachsen zu sein, definiert Sabrina mit einer Sentenz, die sie einmal in einem Buch gefunden hat: »Zu wissen, was man ändern kann und zu wissen, was man nicht ändern kann. Und die Weisheit zu haben, das eine vom anderen zu unterscheiden.«

Sie liest viel, sie malt, sie ist mit den Kindern gern draußen in der Natur. Urlaubsdomizile kann sie nicht bezahlen. Jeden Sommer fährt sie mit den Kindern zu ihrer Mutter in das Dorf im Nordosten Deutschlands, nicht weit von der polnisch-tschechischen Grenze, wo sie aufgewachsen ist.
Sabrina M. will arbeiten und mit ihrer Arbeit Geld verdienen. »Ich will nicht nur der Empfangende sein, sondern auch der Gebende.« Manchmal spürt sie eine unausgesprochene Herablassung auf den Elternabenden: »Es sind oft Frauen, die das Gefühl brauchen, dass sie überlegen sind.« Sabrina M. sagt: »Meine Familie kommt für mich an erster Stelle.« Wenn sie noch einmal eine Verbindung mit jemandem eingeht, dann nur, »wenn man ehrlich zueinander ist, sich gegenseitig akzeptiert und keinen unterschwelligen Machtkampf führt«. Belanglose Affären interessieren sie nicht. »Ich verschwende meine Zeit nicht mit Oberflächlichkeit.«

Einen Solidarpakt der Alleinerziehenden gibt es nicht. Dafür sind die Interessen und Lebensgeschichten zu unterschiedlich. Weil das so ist, wüten alleinerziehende Frauen manchmal gegen andere alleinerziehende Frauen, denen es finanziell besser geht. Nachzulesen war das in einer langen Reportage über eine berufstätige alleinerziehende Frau, der mit zwei Kindern 550 Euro im Monat zum Leben bleiben.[114] Sie hatte der »Süddeutschen Zeitung« einen erbosten Brief geschrieben, nachdem dort die Geschichte einer alleinerziehenden Frau erzählt worden war, die mit dem Doppelten kaum auskommt. »Ich habe fast gebrochen«, schrieb »Gabi« an die Redaktion, »als ich gelesen habe, dass die Dame fast 1100 Euro zum Leben hat. (...) Dieser ganze Artikel ist eine Verarschung und ein Hohn für uns Alleinerziehende! Sprechen Sie doch mal mit mir, ich kann Ihnen einiges mitteilen, wie es ist ohne reiche Eltern und mit einem Ganztagsjob mit zwei Kindern und ohne Männer, die Unterhalt zahlen.«[115]

Im Abspann des Artikels führte das Magazin auf, wie Unterhaltsdelikten in anderen Ländern begegnet wird. »In den USA ist es in manchen Bundesstaaten erlaubt, Autos zu beschlagnahmen und im Notfall zu versteigern.«[116] Wie in Deutschland auf ausbleibende Unterhaltszahlungen reagiert wird, davon wird noch die Rede sein. Kinderarmut und Transferabhängigkeit von Alleinerziehenden haben sehr viel mit laxen oder ganz ausbleibenden Unterhaltszahlungen zu tun.

Das Feindbild der gut verdienenden Alleinerziehenden ist das Finanzamt. Sie ärgern sich über die Steuerklasse, in der sie sich befinden – Steuerklasse 2 mit einem Betreuungsfreibetrag von etwa 1.300 Euro im Jahr. In einer Ehe, in der ein Spitzenverdiener und ein Einkommensloser zusammen veranlagt werden, können dank Ehegatten-Splitting dagegen bis zu 15.500 Euro pro Jahr an Steuern gespart werden.[117] Die ZEIT-Wirtschafts-redakteurin Elisabeth Niejahr forderte auf einer Konferenz der Friedrich-Ebert-Stiftung denn auch: »Meine Idealvorstellung wäre ein Staat, der sich mit seinem Steuer- und Abgabesystem komplett heraushält aus der Frage, ob Menschen als Paar zu-sammenleben, wie sie zusammenleben, und die Förderung aus-schließlich am Stand der Kinder festmacht.«[118] Dieses Modell schlägt auch der Soziologie-Professor und Familienforscher Hans Bertram vor: »Ich bin seit langem dafür, das Ehegatten-splitting durch ein Familiensplitting zu ersetzen. Dann würde die Steuerermäßigung vor allem von der Kinderzahl abhän-gen.«[119]

Ein einfacher Lohnvergleich zwischen einer Alleinerziehenden mit einem Kind und ihrem unverheirateten, kinderlosen Kol-legen bringt weitere Diskrepanzen ans Licht. Daniela Dräger, Geschäftsführerin einer Kinderbetreuungsagentur in Berlin, hat diesen Vergleich angestellt: 30 Euro mehr monatlich blei-ben ihr, die mit ihrer Tochter allein lebt, als dem gleichaltrigen Single-Kollegen in derselben Position. 30 Euro im Vergleich zum Zehnfachen der Ausgaben für das Kind.

Die eindeutige Bevorzugung der Ehe-Familie gegenüber den Alleinerziehenden zeigt, was der Gesetzgeber wirklich von Alleinerziehenden hält. Sie sind Familie zweiter Klasse. Gisela Notz sagt: »Alleine Kinder zu erziehen müsste überhaupt kein Problem sein. Wie wir alle wissen, sieht es in der normalbe-setzten Familie keinesfalls immer rosig aus. Auch die Tatsache, dass Alleinerziehen Frauensache ist, wäre kein Problem, wenn die Mutter einen befriedigenden Beruf hätte, die finanzielle Situation keine Sorgen bereitete, das Kind sich im (gebühren-freien) Kindergarten und in der Schule wohlfühlen könnte und die volle gesellschaftliche Akzeptanz gewährleistet wäre.«[120]

Diese Idealvorstellung, die eigentlich einen Normalzustand beschreibt, wird von den Apologeten der »Normalfamilie« sicher nicht geteilt. Wo kämen wir denn hin, wenn das Alleinerziehen eine weniger beschwerliche Option wäre?

7. Die Überleisterinnen
Vollzeitarbeit, Kinderbetreuung, kein Unterhalt

Jana R., Krankenschwester. Marion L., Fachärztin.
Erinnern Sie sich an Jana R. aus dem Kapitel »Trennungsgründe«? Die OP-Schwester, die vier Wochen nach der Hochzeit und im fünften Monat schwanger von ihrem Ehemann verlassen wurde? Per SMS? Das ist sieben Jahre her, die Kinder sind nun zehn und sechs Jahre alt. Jana R. sagt: »Ich bin glücklich.« Ihre Stimme passt zu diesem Satz. Wir verabreden uns an zwei Abenden zum Telefongespräch. Mehr ist nicht möglich, Jana R. hat keine Zeit. Aber die Stimme bleibt dran, zwei Stunden lang. Sie lacht, sie redet, sie hört zu. Eine Frau, die mit sich im Lot ist, eine humorvolle und nachdenkliche Erzählerin. Es ist elf Uhr nachts. Sie kam gerade vom Spätdienst nach Hause, die Kinder schlafen. Eine Pädagogikstudentin hatte sie nach dem Hort zu Hause betreut, mit ihnen gespielt, gegessen und die Kinder ins Bett gebracht. Jana R. ist nicht müde, das Adrenalin kreist noch in ihren Adern. »Ich gebe zu, dass ich gerne arbeite. Ich freue mich auf meine Patienten. Und ich brauche auch die Momente, in denen es um Leben und Tod geht. Ein normaler Bürojob ist für mich keine Option.«

Jana R. arbeitet im Schicht-Dienst als OP-Schwester in einer Berliner Universitätsklinik. Seit fünfzehn Jahren. Jetzt ist sie 35. Sämtliche Entlassungswellen ihres Arbeitgebers hat sie überstanden. Nur ein Jahr hat sie ausgesetzt, nach der Geburt des ersten Kindes, des Sohnes. Damals hat ihr Mann noch mit ihr zusammengelebt, er kümmerte sich am Wochenende manchmal alleine um das Kind. Jana R. übernahm manchmal Wochenend-Dienste, ihr Mann war einverstanden damit. Die Entscheidung für das zweite Kind hat lange gedauert, fast ein Jahr. Sie hatten genau überlegt, wie sie Zeit für zwei Kinder finden könnten, wie sie die Betreuung finanzieren würden, präsente Großeltern oder Verwandte gab es auf beiden Seiten nicht. Im September 2003 war alles zu Ende, der Mann verließ die Familie von einem Tag auf den anderen. Zunächst zog er mit einer Frau zusammen, bald war auch das vorbei.

Im Dezember 2003 brachte Jana R. die Tochter zur Welt. Sein Vater hat nie eine Verbindung zu ihm aufgebaut. Jana R. sagt: »Es fiel mir schwer, das Baby in seine Hände zu geben.« Sie hat es dennoch getan, aber der Vater wollte die Kleine bald nicht mehr sehen. »Meine Tochter hat nie einen Papa kennen gelernt.« Seinen Sohn sah er im ersten Jahr nach der Trennung ein, zwei Mal im Monat, sie trafen Absprachen, er hielt sich nicht daran. »Einmal stand er Sonntagabends um 22 Uhr vor der Tür und wollte den Sohn holen, dann wieder kam er gar nicht. Ich habe ihm gesagt: wenn du dich nicht an die Abmachungen hältst, siehst du die Kinder nicht mehr.« Ihr Mann ging zum Jugendamt und beschwerte sich über sie. Mit ihr zusammensetzen wollte er sich nicht. Jana R. reichte die Scheidung ein, »die Richterin hat mich vor seinen Ansprüchen bewahrt«. Weil sie viel länger Rente einbezahlt hatte als er, hätte sie ihm trotz der kurzen Ehe Rentenpunkte abgeben müssen. Eine Härtefallscheidung im Schnellverfahren wäre zu teuer gewesen, so brachte Jana R. das Trennungsjahr hinter sich. Dann war es vorbei.
Seit August 2007 meldet sich der Mann nicht mehr bei ihr und auch nicht bei den Kindern. »Mein Sohn leidet darunter. Aber ich kann ihn nicht herbeizaubern. Er hat seine Telefonnummer, er kann ihn anrufen, ihm schreiben, aber er tut es nicht. Er sagt: ›Papa hat sowieso keine Zeit für uns.‹«

Im Frühjahr 2008 musste der Sohn operiert und zur Schule angemeldet werden. Für beides brauchte sie das Einverständnis des Vaters. Er meldete sich nicht. Sie rief in seiner Firma an, er ließ sich verleugnen. Das Gericht hat Jana R. inzwischen das alleinige Sorgerecht zugesprochen – vorläufig. Sie hatte es erst beantragt, als sie bei der Entscheidung vor der Operation und der Einschulung nicht mehr handlungsfähig war.

Gewollt hat sie den Sorgerechts-Entzug lange nicht. »Ich habe gehofft, der Mann kommt wieder zur Besinnung und will seine Kinder sehen.« Sie hoffte auch auf einen Brief von ihm, eine Erklärung. Der Brief kam nicht. Dreimal schickte der Vater seinem Sohn noch Geburtstagsgeschenke und Postkarten. Seit zwei Jahren kommt gar nichts mehr. Unterhalt für die Kinder hat er noch nie bezahlt. Jana R. bekommt vom Jugendamt Unterhaltsvorschuss, 180 Euro für jedes Kind, 72 Monate lang. Das ist die gesetzlich festgelegte Dauer. Der Unterhalt für den fast elfjährigen Sohn fällt in einem Jahr weg. Das Jugendamt hat die Vormundschaft für die Unterhaltsforderungen der Kinder übernommen. Inzwischen hat Jana R. den Vater der Kinder wegen Verstoß gegen die Unterhaltspflicht angezeigt. »Es kann nicht sein, dass er ausreichend Geld verdient und nichts bezahlt. Auf seiner Lohnstreifenkarte hat er aber die Kinderfreibeträge.« Der Mann arbeitet noch immer bei derselben Baufirma, wie zu Zeiten ihrer Beziehung. »Ich habe ihn vorbereitet. Habe ihn angerufen und ihm gesagt, er soll sich beim Jugendamt melden. Es war das letzte Mal, dass ich mit ihm gesprochen habe.« Jede Woche fragte sie beim Jugendamt nach – keine Reaktion von ihm. Anfang Februar 2010 ging sie zur Polizei. Der Beamte, der die Anzeige aufnahm, war freundlich zu ihr.

Verstehen kann Jana R. den Vater ihrer Kinder bis heute nicht. Es gibt Momente, in denen der alte Schmerz sich jäh in die

Magengrube bohrt. Wenn sie zu einer Hochzeit eingeladen ist, wenn sie ein Paar mit Baby sieht. Manchmal, wenn sie nach dem Dienst zu Hause auf der Couch ausruht und plötzlich merkt, dass sie immer noch keine Erklärung dafür gefunden hat, warum er gegangen ist. Aus Angst vor der Verantwortung? War es eine Flucht vor ihr? Wenn eines der Kinder krank ist, kommt vieles in ihr hoch. »Warum muss ich das jetzt alles alleine machen? Diese Frage wird für mich nie geklärt sein.« Mit der Zeit sind diese Momente seltener geworden. Die Arbeit hilft ihr, die Gegenwart der Kinder sowieso. »Ich würde es ohne die Kinder nicht aushalten. Das Lachen der Kinder, das kennt er nicht.«

Sie arbeitet in vier Schichten. Frühdienst von 6.30 Uhr bis 15.15 Uhr. Spätdienst von 14 Uhr bis 22.30 Uhr. Nachtdienst von 21.30 Uhr bis 7 Uhr. Zwischendienst von 10 Uhr bis 18.30 Uhr. Zurzeit hat Jana R. zehn Mal im Monat Spätdienst. Oder alternativ dazu zehn Mal im Monat Nachtdienst. Das ist Pflicht. »Frühdienst und Zwischendienst kriege ich alleine abgedeckt. Wir stehen um 6 Uhr an der Schule, die Kinder gehen zur Frühbetreuung, bis nachmittags um 16 Uhr sind sie im Hort. Die anderen Dienste schaffe ich mit Hilfe einer Freundin, und wenn etwas Unvorhergesehenes in der Klinik dazwischen kommt, mit KidsMobil.«

KidsMobil ist ein kostenloser Kinderbetreuungsservice, der von einem freien Träger in Kooperation mit den Vivantes-Kliniken und der Universitätsklinik Charité entwickelt wurde, um den flexiblen Einsatz von Klinik- und Pflegepersonal mit Kindern zu gewährleisten.

Christiane Radtke, die KidsMobil koordiniert, betont ausdrücklich, dass es eben kein Service für die besonderen Bedürfnisse

Alleinerziehender ist. Im Gegenteil. »Alleinerziehende müssen die Regeldienste wie alle anderen auch über die regulären Betreuungszeiten der Kitas stemmen. Das ist aber genau das Problem. Die Regeldienste des Klinkpersonals werden von den Kita-Zeiten nicht abgedeckt. Wenn dann kein persönliches Netz für Kinderbetreuung existiert, kommen diese Frauen ins Schleudern.« KidsMobil kann nur genutzt werden, wenn die geplante Regelbetreuung ausfällt oder wenn kurzfristige Einsätze angeordnet werden. Per Fax bekommt KidsMobil dann eine »dringliche dienstliche Anweisung« geschickt – und sorgt dafür, dass die Kinder der Klinik-Mitarbeiter zu Hause betreut werden. Es sind junge Leute, die kommen, meist sind sie am Ende der Erzieher-Ausbildung oder Pädagogikstudenten. Bezahlt werden sie von den Kliniken, sie sind versichert und haben einen Erste-Hilfe-Kurs absolviert. Christiane Radtke achtet darauf, dass möglichst immer dieselben Betreuer in eine Familie geschickt werden.

Bei Jana R. sind es zwei junge Männer und vier junge Frauen. Die Kinder kennen sie und freuen sich auf sie. Den Haushalt erledigen die Betreuer nicht. »Eines der Mädchen hat mal Wäsche zusammengefaltet – da freut man sich 'n Loch in Bauch.« Jana R. ist gebürtige Berlinerin. Im Osten der Stadt aufgewachsen, wohnt sie heute wieder im selben Viertel, in dem sie zur Schule ging. Wie ihre Kinder auch. Die »verlässliche Halbtagsgrundschule« – ein Begriff, der ihr trotz seiner Sperrigkeit leicht von den Lippen geht – ist nur 400 Meter von der Wohnung entfernt, der Schule ist ein Hort angeschlossen, der bis 18 Uhr geöffnet hat. Jana R. arbeitet einmal im Monat Samstagnachts. »Ich brauche die Wochenend-Zulage. Mit dem Grundgehalt von 1.500 Euro netto bei 30 Stunden Wochenarbeitszeit wäre es eng.« Mit den Kindern hat sie es so besprochen: »Wir verzichten einen Samstag im Monat nachts auf Mama. Dafür gibt's dann aber auch Tierpark und Kino und Restaurant.«

In Berlin ist das Netz der Kinderbetreuung dichter als an anderen Orten der Republik. Dennoch mangelt es an flexibler Kinderbetreuung[121], und in kinderreichen Vierteln wie in Prenzlauer Berg sind die Kitaplätze knapp wie vor zehn Jahren im alten Westteil der Stadt. Berichte aus anderen Städten klingen wie Kurzkrimis: Eine Frau aus Frankfurt am Main erzählt, sie habe der Leiterin der einzigen Krippe in ihrem Stadtteil jeden Tag »aufgelauert« und sie schließlich überzeugt, dass sie als berufstätige Alleinerziehende den Platz unbedingt brauche – und nicht jene Gattin, die das Kind abgibt, damit sie im »Nagelstudio relaxen kann«.

In Berlin verweisen die Bezirksämter berufstätige Alleinerziehende mit Arbeitszeiten außerhalb der regulären Kita-Öffnungszeiten auf das Angebot der Tagesmutter. Ob es überhaupt eingelöst werden kann, hängt allerdings von der aktuellen Haushaltslage des Bezirks ab. Per Gutschein kann man sich hier Betreuung für Arbeitszeiten außerhalb der regulären Kita-Öffnungszeiten suchen. Der Haken an der Sache: Für den geringen Lohn, der diesen Tagesmüttern bezahlt wird – nämlich 4,95 Euro brutto pro Stunde! – will niemand arbeiten. Christiane Radtke sagt: »Die Frauen finden niemanden.« Junge Ärztinnen versuchen es dann über private Babysitter. Aber das wird schnell teuer, man arbeitet nur, um auf dem Markt zu bleiben, nicht für den Lohn. Das muss man sich leisten können.
Bleibt die bereits erwähnte Studentin aus Osteuropa auf Ausbeutungs-Basis.

Es ist fatal, wie überwiegend Frauen unter dem Druck der Arbeitswelt und der Betreuungsnotlage andere Frauen ausnutzen und zugleich selbst zerrieben werden.
Daniela Dräger hat die Betreuungsnotlage berufstätiger Alleinerziehender bei ihrer Arbeit im Berliner Frauenzentrum »Paula

Panke« erlebt. Während der sieben Jahre, in denen sie dort als Projektleiterin das Angebot »flexible Kinderbetreuung« für Alleinerziehende koordinierte, hat sie in etwa 300 Familien und deren organisatorische Zerreißproben Einblick bekommen. Sie erinnert sich an eine Frau, Mitarbeiterin der Deutschen Bahn in der Zugabfertigung, die oft um halb vier Uhr früh das Haus verlassen musste. Deren Tochter war damals fünf Jahre alt. Die Arbeitszeiten der Frau bewegten sich zwischen 6 und 23 Uhr. Sie war völlig auf sich allein gestellt. Früh um halb vier kam eine Betreuerin von Paula Panke zu ihr ins Haus, um sieben weckte sie das Kind. Eine andere Frau arbeitete als Tontechnikerin bei Konzertveranstaltungen. Vor 23 Uhr hörte sie selten auf zu arbeiten. Von den Altenpflegerinnen über die Verkäuferinnen bis hin zu den Selbstständigen, die dabei sind, sich eine Existenz aufzubauen: Sie alle brauchen eine Kinderbetreuung, die auf die Anforderungen eines zunehmend deregulierten Arbeitsmarkts abgestimmt ist.

Die Frauen, die für den flexiblen Betreuungsdienst von Paula Panke arbeiten, sind Erzieherinnen. Dank Fördergeldern ist das Angebot mit einem geringen Beitrag auch für Alleinerziehende mit geringem Einkommen bezahlbar.
Die Preise, die Daniela Dräger in ihrem Unternehmen für Betreuung ansetzt, können diese Alleinerziehenden nicht bezahlen, das weiß Daniela Dräger. Aber ihr ist es wichtig, dass die Erzieher und Erzieherinnen, die mit ihr arbeiten, angemessen bezahlt werden. Ihre Kunden – darunter Rechtsanwälte und Arzt-Ehepaare – sind finanziell dazu in der Lage.

Für die Tagesmütter vom Amt lohnt es sich erst, wenn die Gruppe groß und der Betreuungsaufwand klein ist. Auch kein gutes Gefühl für Eltern. Nur selten haben sie das Glück, eine gute Tagesmutter in nächster Nähe zu finden. Abgesehen davon werden die Kinder bei der Tagesmutter versorgt und nicht in ihrem eigenen Zuhause.

Die mangelnde Wertschätzung von Kinderbetreuung setzt sich in der Bezahlung von Betreuern und Erziehern fort. Eine Tagesmutter, die von einem Berliner Bezirksamt vermittelt wird, verdient 1.600 Euro brutto monatlich, wenn sie drei Kinder ganztägig betreut.

Marion L., Fachärztin in Berlin, hatte Glück, sie fand eine zuverlässige und engagierte Tagesmutter im Haus, ein paar Stockwerke über ihr. Anders hätte sie ihr Pensum nicht bewältigen können. Zwei Jahre lang musste Marion L. vier Mal in der Woche zu einem der Außenzentren ihres Arbeitgebers nach Brandenburg fahren. Um fünf Uhr früh verließ sie das Haus. Die Tagesmutter weckte später unten die beiden Kinder, machte ihnen Frühstück und brachte die Jüngere, zu Beginn vier Jahre alt, in die städtische Kita. Nachmittags holte sie die Kleine wieder dort ab, erledigte mit den Kindern Hausaufgaben und bereitete das Abendessen vor. Marion L. kam gegen 19 Uhr nach Hause. Sie aß mit den Kindern, manchmal schlief sie vor Erschöpfung mit ihnen ein. Es war eine schwierige, auch finanziell angespannte Zeit. Etwa 200 Euro zahlte sie der Tagesmutter. Noch einmal soviel ging an die Kita. Kindesunterhalt vom Vater der Kinder bekam sie genauso wenig wie Jana R. – nämlich gar keinen. Zum Leben blieben ihr nach Abzug der Steuer, 1000 Euro im Monat, davon musste sie rund 500 Euro Miete bezahlen. Marion L. findet das Steuersystem, das Alleinerziehende fast wie Singles behandelt, »einfach ungerecht«.

Die Chefin in Brandenburg wusste, dass Marion L. alleinerziehend ist, machte aber kein Problem daraus. Sie sagte: »Mütter sind sowieso besser organisiert.« Marion L. hatte in Brandenburg vor allem Kollegen aus den neuen Bundesländern. Sie erfuhr, dass die Berufstätigkeit von Müttern dort als Selbstverständlichkeit betrachtet wird. »Es wird nicht so getan, als wäre ich ohne Kind, aber es heißt auch nicht, dass man keine Leistung bringen muss. Man hat keinen Sonderstatus.« Das Alleinerziehen beschäftigt sie über die Tagesroutine hinaus. Auf alleinerziehende Frauen sieht sie das Problem der Altersarmut zukommen. Teilzeitarbeit, unterbrochene Karrieren. Lohn-Stagnation. Wovon will man da eine private Altersvorsorge bezahlen? Auf ein Erbe zu hoffen sieht die Medizinerin als unrealistisch an. »Das Erbe, wenn es überhaupt eines gibt, kann durch die Pflege der alten Eltern aufgebraucht sein.«

Marions Karriereplanung hätte ohne die Kinder anders ausgesehen. »Ich habe mich selbst zurückgenommen und meine Arbeit den Kindern angepasst.« Inzwischen arbeitet sie zu sehr regelmäßigen Zeiten und nicht allzu weit entfernt von ihrer Wohnung wieder in Berlin. Neulich war sie eine Woche auf einem Fortbildungsseminar. Ohne ihre Mutter, die abends für die Kinder kocht, hätte sie das nicht geschafft. Sie möchte der vierzehnjährigen Tochter auch nicht zuviel Verantwortung für die siebenjährige Schwester aufbürden.

Voriges Jahr nahm Marion L. noch ein 17-jähriges Mädchen in ihre Familie auf, eine Halbschwester ihrer Töchter. Die Kinder haben denselben Vater, sie kennen sich von klein auf und empfinden sich als Geschwister. Die Mutter des Mädchens, ebenfalls alleinerziehend, war binnen weniger Monate an Krebs gestorben, mit 46 Jahren. Das trauernde Mädchen zu begleiten hat Marion L. mehr Kraft gekostet, als sie anfangs dachte. Alle zusammen verbrachten nach einem strapaziösen Jahr drei Wochen gemeinsam in Australien. Eine Reise, die sich Marion nur mit finanzieller Unterstützung ihrer Eltern leisten konnte. Einmal in der Woche kocht der Vater der Mädchen in der

Wohnung von Marion L. Das Verhältnis zwischen ihm und seinen Töchtern ist herzlich und vertraut. Dennoch wollte die älteste Tochter nach dem Tod ihrer Mutter erst einmal nicht bei ihm leben. Jetzt wird sie mit ihrem Vater zusammenziehen. Seit kurzem sucht er nach einer Wohnung für beide.

8. Alle Rechte – keine Sorge?
Kinder als Spielball im Machtkampf der Eltern

Das neue Sorgerecht für unverheiratete Väter

Der Kampf getrennter Eltern übt seit jeher einen Reiz auf Voyeuristen aus. Darüber hinaus sind Sorgerechts- und Umgangsverfahren aber auch Seismographen gesellschaftlicher Entwicklungen und politischer Positionen. Im schlimmsten Fall spiegeln sie Modeerscheinungen wider und bedienen Interessenlagen, auf die Lobbyisten eifrig Einfluss nehmen. Es wäre naiv zu glauben, dass es in diesen Konflikten immer nur um das »Wohl des Kindes« geht. Was aber ist das Kindeswohl? Der Rechtswissenschaftler Ludwig Salgo sagte in einem Interview: »Der Gesetzgeber steckt da in einem Dilemma, er kann das nicht definieren, nicht einmal negativ, also sagen, was das Kindeswohl keinesfalls ist. Es geht immer um Einzelfallgerechtigkeit, weil jeder Fall anders liegt. Der Gesetzgeber muss dem Richter vertrauen. Er hört die Kinder, die Eltern und das Jugendamt an, klärt den Sachverhalt auf, gibt gegebenenfalls Gutachten in Auftrag, um dann zum Wohl des Kindes zu entscheiden.«[122] Sinnvoll erscheint eine Orientierung an den Kinderrechten, wie sie von der UN-Kinderrechtskonvention festgeschrieben und von der Vollversammlung der Vereinten Nationen im November 1989 verabschiedet wurde. Seit dem 1. Juli 2000 schreibt das BGB auch das Recht auf gewaltfreie Erziehung fest.

Der Berg der »grünen Akten«, wie sie Juristen nennen, wächst seit Jahren an. Grün sind die Aktendeckel für »Kindschaftssachen«. Darunter fallen Umgangs- und Sorgerechtsverfahren.

Ihre Zahl ist seit Einführung der Kindschaftsreform im Jahr 1998 enorm gestiegen. Allein im Jahr 2008 wurden 45.000 Umgangsverfahren geführt. Fast doppelt so viele wie vor der Kindschaftsreform.[123]

Unter den Alleinerziehenden, die für dieses Buch Auskunft über ihr Leben gaben, führte außer Jana R. niemand einen Sorgerechtsprozess. Alle getrennt lebenden Väter, die dies wollten, sahen ihre Kinder regelmäßig, manche weniger, als es die Mütter der Kinder wünschten. Das mag nicht repräsentativ sein, entspricht aber eher der Realität als das Bild allgemeiner familiärer Zerrüttung, das Medienberichte über Trennungs- und Scheidungseltern vermitteln. Die schwierigen Fälle, im Anwalts-Jargon »hochkonflikthaft« genannt, sind bei aller »gestiegenen Konfliktbereitschaft«, wie es die Rechtsanwältin Anke Mende formuliert, in der Minderheit. Dennoch könnte sich die Kampfzone »Sorgerecht« weiter ausdehnen. Die neue Gesetzeslage kann Konflikte auf diesem Feld nicht nur befrieden – sie könnte sie auch verschärfen.

Am 2. August 2010 stärkte das Bundesverfassungsgericht in Karlsruhe die Rechte nicht verheirateter Väter. Sie können das gemeinsame Sorgerecht nun auch gegen den Willen der Mutter erlangen. Zuvor konnten sie das nicht. Bei der Geburt eines unehelichen Kindes hatte allein die Mutter das Sorgerecht. Seit 1998 bestand jedoch für nicht verheiratete Eltern die Möglichkeit einer gemeinsamen Sorgeerklärung, die an keinerlei Bedingungen gebunden war. Für über sechzig Prozent aller unehelich geborenen Kinder wird derzeit eine gemeinsame Sorgeerklärung abgegeben.

Die Geschichte von Marcia, Bernd und der heute siebenjährigen Tanja ist noch kein Sorgerechtsfall. Sie könnte einer werden, denn Bernd, der Vater, der mit Marcia weder verheiratet war, noch je mit ihr zusammen gelebt hat, wollte das gemeinsame Sorgerecht. Die Mutter wollte das nicht. Sie wird schwerwiegende, das Kindeswohl betreffende Gründe vorbringen müssen, wenn sie weiterhin die alleinige Sorge behalten will.

»Das Kind zieht sowieso zu mir!«

Marcia, Bernd und Tanja gibt es wirklich, sie sind kein Lehrbeispiel aus einer juristischen Vorlesung. Von außen betrachtet waren Marcia und Bernd ein attraktives, wenn auch nur kurz liiertes Paar: Sie, eine Frau aus Brasilien, hochgewachsen, schlank, schön, eine Frau mit der stolzen Aura einer höheren Tochter, die sie einmal war, bevor ihre Familie verarmte. In Deutschland führt sie ein wenig privilegiertes Leben. Marcia arbeitet als Hotelfachfrau. Bernd, ein reicher Münchner Investmentbanker, verliebte sich in die fünfzehn Jahre jüngere Frau. Sie hatten sich beim Tanzen in einer Nobeldiskothek kennen gelernt, und Marcia hatte besonders auf sein Schuhwerk geachtet. Was Männer an den Füßen tragen, verrät ihrer Ansicht nach alles über deren Lebensstil. Sie mochte Bernd, und sie spricht auch heute nicht schlecht über ihn. Doch schon während der Schwangerschaft verstrickten sie sich in Machtkämpfe: »Bernd wollte immer bestimmen. Ich kann mich nicht unterordnen.« Es kam zu hässlichen Szenen, sie weinte viel in ihr Tagebuch. Den Mann erkannte sie kaum wieder. Aus dem fürsorglichen und verlässlichen Freund war in ihren Augen ein Tyrann geworden, der sie bei jeder Auseinandersetzung anschrie. »So was soll Liebe sein?«, fragte sie sich. Mit ihm zusammenziehen wollte sie nicht. Schon während der Stillzeit wollte Bernd, dass die Tochter wechselweise bei den Eltern lebt. Sie sollte die Milch abpumpen, er würde ihr dann das Fläschchen geben. Wahrlich ein hochengagierter Vater – auf den ersten Blick. Inzwischen hatte er aber immer häufiger seine 90-jährige, halbblinde Mutter bei sich, der er den Säugling anvertrauen wollte. Beruflich änderte er nichts, während Marcia zwei Jahre in Elternzeit ging.

Ein Jahr nach der Geburt der Tochter beendete sie die Beziehung zu Bernd. Sie verzichtete auf Unterhalt für sich. Für die Tochter zahlte der Vater. Von Erziehungsgeld, Wohngeld und Kindergeld konnte sie bescheiden leben, weil sie – in München ein seltenes Glück – eine bezahlbare Wohnung fand. »Für ihn ist damals eine Welt zusammengebrochen«, sagt sie. »Für mich war die Trennung die richtige Entscheidung. Später habe ich mich noch mal gefragt, ob es richtig war. Aber ich wollte nicht, dass meine Tochter in einer Familie aufwächst, in der nur gestritten wird. Ich wollte nicht, dass sie dadurch labil wird.«

Schon während ihrer Schwangerschaft ging Bernd zum Jugendamt und wollte die gemeinsame Sorge für das Kind. Auch beim Familiengericht erkundigte er sich. Der Richter beschied ihm, dass er ohne die Einwilligung der Mutter keine Chance auf das Sorgerecht habe. Das ist nun anders, wovon später die Rede sein wird. Bleiben wir bei Marcia, Bernd und Tanja, vor allem aber beim Kind:
Tanja wächst in den ersten fünf Jahren vor dem Hintergrund permanenter Konflikte zwischen ihren Eltern auf. Nach zwei Jahren beginnt Marcia wieder dreißig Stunden in der Woche zu arbeiten. Auch abends und nachts, obligatorisch in ihrem Job.

Das Kind besuchte seinen Vater regelmäßig, aber Marcia wollte in den ersten drei Lebensjahren nicht, dass Tanja bei ihm übernachtet. Grund war wiederum seine Mutter, die das Babysitten übernahm, während der Vater nachts ausging. Für

Marcia war das Risiko zu hoch, sie traute der altersschwachen, sehbehinderten Frau nicht zu, eine mögliche Gefahrensituation zu erkennen und richtig zu reagieren. Tagsüber ging Tanja in eine Kita, für die Nacht- und Frühdienste beschäftigt Marcia eine Tagesmutter. Die betreute das Kind in ihrer Wohnung, wo Tanja in einem eigens dafür eingerichteten Kinderzimmer auch schlief. Tanja, ein auffallend hübsches, zu diesem Zeitpunkt etwas entwicklungsverzögertes Mädchen, hing an der Tagesmutter und an deren Mann. Es gefiel ihr in der turbulenten Familie mit Hund, Katze und jeder Menge Besuch, darunter auch Kinder im gleichen Alter wie sie. Bernd gefiel das nicht. Von Anfang an opponierte er gegen die Tagesmutter. Immer wieder brachte er das Kind nicht zur Tagesmutter, obwohl es so vereinbart war.

Als Tanja vier ist, kommt es zum Eklat: Sie hatte sowohl ihrer Mutter als auch der Tagesmutter erzählt, dass Papa immer mit ihr bade und sie auch seinen Penis anfassen dürfe. Und sie liege oft nackt auf seinem Bauch. Marcia rief Bernd sofort an, ihre Worte hat sie noch in Erinnerung: »Ich traue dir nicht zu, dass du Tanja etwas antust. Aber ich will sichergehen, ich will die Gewissheit haben. Deshalb gehe ich zum Jugendamt, und ich lasse Tanja auch von einem Psychologen untersuchen.« Bernd fühlte sich tief gekränkt und drohte an, sie und die Tagesmutter wegen Verleumdung anzuzeigen, was er dann nicht tat. Beim Jugendamt erzählte Tanja dieselben Bade- und Anfass-Erlebnisse, die sie auch ihrer Mutter und der Tagesmutter berichtet hatte.

Aus dem psychologischen Gutachten resultierte, dass es keinen Missbrauch gegeben hat. Marcia war erleichtert. Ein Psychologe stellte fest, dass der Vater seiner Tochter keinerlei Grenzen setze und zu wenig Abstand halte. Das Kind wurde ein Jahr lang therapiert, es sollte lernen, eigene Wünsche zu äußern und

»nein« zu sagen. Den Vater forderte der Psychologe dazu auf, nicht mehr nackt mit der Tochter zu baden noch nackt mit ihr im Bett zu liegen. Und das Jugendamt? Es bestellte alle drei Erwachsenen, einschließlich der Tagesmutter, wechselweise ein. Den beiden Frauen attestierte die Jugendamts-Mitarbeiterin »Überspanntheit«. Dabei hatten sie sich im Sinn der Prävention richtig verhalten.

Missbrauchsanschuldigungen als Waffe?

Mütter, so behaupten Väterverbände, setzen Missbrauchsanschuldigen als Waffe in Umgangsverfahren ein. Das entspricht nicht den Fakten. Eine Berliner Dissertation hat in den neunziger Jahren zwei Jahrgänge von Umgangsverfahren untersucht und dabei festgestellt, dass es in weniger als einem Prozent der Verfahren Missbrauchsvorwürfe gab.[124] »Ein Elternteil, der sexuellen Missbrauch behauptet, der nicht stattgefunden hat, riskiert viel, wenn nicht alles«[125], sagt der Rechtswissenschaftler Ludwig Salgo.

Davon, wie belastend es für alleinerziehende Mütter ist, sich mit einem Missbrauchs-Verdacht auseinandersetzen zu müssen, spricht niemand. Ina K., Buchhändlerin aus Mannheim, wurde an einem Sonntagabend von der Freundin des Vaters ihrer Tochter angerufen. Die Tochter war damals zehn Jahre alt. »Ich würde mich gerne mit Ihnen unterhalten. Es geht um Ihre Tochter. T. sagt, er bekäme immer eine Erektion, wenn sie bei ihm auf dem Schoß sitze. Andere Väter hätten das auch, sie würden es bloß nicht zugeben. Wollte B. bei Ihnen auch, dass Sie sich beim Sex als Schulmädchen verkleiden?«

Ina K. rief am nächsten Tag eine städtische Familien-Beratungsstelle an, die Sozialarbeiter rieten ihr, den Vater in einem Brief mit der Behauptung zu konfrontieren. Ina schrieb ihm auch: »Bevor die Angelegenheit nicht geklärt ist, siehst Du das Kind nicht.« Er antwortete mit dem Brief einer Anwältin und sprach empört von Umgangsverweigerung. Die Eltern wurden erst getrennt, dann gemeinsam aufs Jugendamt bestellt. In der Beratung saßen ihnen ein Mann und eine Frau gegenüber. In einem der Gespräche bezeichnete T. seine derzeitige Freundin als »Borderline-Frau«, die sei eifersüchtig auf I., weil die ein Kind habe. Keine der Amtspersonen wandte ein, warum er seine Tochter dann mit einer solchen angeblich psychisch kranken Grenzgängerin in Kontakt kommen lasse. Das Krankheitsbild »Borderline« – eine höchst umstrittene Diagnose – wird auf der Website von Väteraufbruch Karlsruhe unter der Rubrik »Psychologie« übrigens ausführlich (aber weitgehend ohne Quellenangabe) beschrieben. Man muss schon bis zum Ende lesen, warum das so ist: Borderline komme »hauptsächlich bei jungen Frauen« vor. Eine Handreichung zur Pathologisierung von Frauen?

T. musste sich beim Jugendamt dazu verpflichten, seiner Tochter in seinem Einzimmer-Appartment wenigstens eine Rückzugsmöglichkeit zu schaffen – was dann auch mit Hilfe eines großen Schranks geschah, der als Raumtrenner verwendet wurde. Die Tochter wurde zu einer Psychologin geschickt, wo sie, analog zur kleinen Tanja, »Selbstabgrenzung« lernen sollte. Ina K. weint heute noch, wenn sie an diese Zeit zurückdenkt. Sie hat ihn nicht beschuldigt, sie wollte einen ungeheuerlichen Verdacht, den ihr jemand aufgedrängt hatte, geklärt haben. Mit manchen Freunden war darüber nur schwer zu reden. »Denen war das zu viel.« Sie sagt sich heute im Rückblick: »Ich habe es trotzdem richtig gemacht. Ich bin zur Beratung gegangen. Ich bin zu meinem Kind gestanden.« Wie groß die inneren und äußeren Anfechtungen bei diesem Thema sind, spürt man ihren Sätzen dennoch an. Missbrauchsvermutungen verursachen großen seelischen Stress für alle Beteiligten. Zu behaupten, dass sie »leichtfertig« ausgesprochen werden, ist nicht nur falsch, es ist auch gefährlich. Innerhalb von Familien und sozialem Nahbereich ist das Dunkelfeld sexuellen Missbrauchs hoch.[126] Keine der beiden Frauen hatte eine Missbrauchsbehauptung ausgesprochen. Sie wollten wissen, was wirklich passiert ist und haben die richtigen Schritte unternommen. Die Kränkung der beiden Väter war dennoch so hoch, dass sie sich noch monatelang später in Wutausbrüchen gegenüber den Frauen äußerte.

Ein paar Monate nach dem Jugendamtstermin beschimpfte und attackierte Bernd die Mutter vor dem Kind, weil sie zu einem Sportfest der Tochter gekommen war, und das »an seinem Wochenende«. Drei andere Väter hielten ihn davon ab, auf Marcia loszugehen. Viele andere Eltern sahen den Vorfall. Es kam zu einem Gerichtsverfahren, Bernd erhielt die Auflage, künftig bei den Übergaben seiner Tochter zwei Meter Abstand zur Mutter zu halten. Weil es der Tagesmutter zu anstrengend wurde, Zeugin der elterlichen Konflikte zu sein, verabschiedete sie sich allmählich von dieser Familie. Tanja und Marcia kommen heute noch manchmal bei ihr vorbei, wenn sie in der Nähe sind.

Was Marcia den Umgang mit Behörden erschwert, ist ihr nicht ganz korrektes Deutsch. Wenn sie sich aufregt, fehlen ihr die Wörter. Bernd dagegen ist äußerst eloquent. Das Muster seiner asymmetrischen Beziehungen setzte er fort: Alle Freundinnen nach Marcia waren deutlich jüngere ausländische Frauen, die ihm sprachlich unterlegen waren. Eine unter ihnen machte Marcia Probleme: Als eigentlich Ruhe eingekehrt war und jeder der ehemaligen Streithähne neue Liebesbeziehungen eingegangen war, wütete eine junge Philippinin gegen Marcia. Die hatte eigentlich nur ihre Tochter beim Vater abholen wollen, blieb aber noch auf einen Kaffee. Die eifersüchtige Frau riss Marcia vor dem verschreckten Kind an den Haaren. Das ist nun drei Jahre her.

Das Verhältnis zwischen Bernd und Marcia hat sich, wie man so sagt, normalisiert. Marcia findet es falsch, wenn Väter ihre Kinder nicht sehen. »Das Kind braucht beide Eltern.« Sie hielt es immer für wichtig, auch allein für ein Kind sorgen zu können. »Ich bin nicht dazu erzogen, mich finanziell auf andere zu verlassen.« Materiell hat ihre siebenjährige Tochter schon heute ausgesorgt.

Der Vater kaufte der Tochter im Lauf der Jahre zwei Eigentumswohnungen in bester Münchner Innenstadt-Lage. »Tanja ist durch ihn voll abgesichert«, sagt Marcia. Er verwöhnt die Tochter mit teurer Markenkleidung und Elektronik. Marcia sieht das gelassen: »Dann spare ich mein Geld.« Ihre Erziehungsstile sind konträr: »Ich bin streng, er lässt alles durch. Er nennt sie seine ›kleine Prinzessin‹.« Der Vater bringt Tanja vier Mal in der Woche in eine Ganztagsschule. An den Wochenenden, in denen Tanja bei ihm ist, arbeitet Marcia oft im Hotel. Schon bei der Trennung hatte Bernd gesagt: »Tanja wird sowieso zu mir ziehen.« Marcia glaubt das nicht. »Davor habe ich keine Angst. Ich gebe ihr Liebe und Zuwendung, ich komme aus Brasilien, der Familienzusammenhalt ist bei uns sehr stark.« In letzter Zeit redet Bernd wieder viel davon, Tanja zu sich zu holen. Marcia weiß nicht, warum das so ist. Von der Sorgerechtsreform hat sie noch nie etwas gehört.

Sollte es zu einem Gerichtsverfahren kommen, kann man dem Kind nur Glück und vernünftige Richter wünschen. Vielleicht einigen sich die Eltern ja auf das »Pendelmodell«. Eine Woche hier, eine Woche da. Nicht jedes Kind hält das aus. Vor allem dann nicht, wenn die Eltern in der Erziehung so uneins sind.

Wie hätte das Leben des Kindes ausgesehen, wenn es zum Zeitpunkt seiner Geburt schon das Sorgerecht für nicht verheiratete Väter gegeben hätte? Auch wenn die Mutter das nicht will?

Antragsmodell oder Widerspruchsmodell?

Die Geburt eines Kindes, dozierte ein bekannter Berliner Geburtshelfer einmal vor hundert hochschwangeren Frauen im Hörsaal einer Klinik, sei ein »life changing event« – ein lebensveränderndes Ereignis. Lebensverändernd kann sich auch das neue Sorgerecht für unverheiratete Väter auf Eltern und Kind auswirken. Aber das fällt in ein anderes Ressort. In eines, das weniger plakativ und weniger allgemeinverständlich spricht: Das Justizministerium.

Die Richter des Bundesverfassungsgerichts hielten die bisherige Regelung, nach der ledige Väter nur mit Zustimmung der Mutter das gemeinsame Sorgerecht erhalten, mit Beschluss vom 2. August 2010 für verfassungswidrig. Das Gesetz verstoße gegen das Elternrecht des Vaters. Er habe bisher nicht die Möglichkeit gehabt, das gemeinsame Sorgerecht gerichtlich einzuklagen. Damit war das Bundesverfassungsgericht einem Urteil des europäischen Gerichtshofes für Menschenrechte vom Dezember 2009 gefolgt. Mehr als die Möglichkeit, das Sorgerecht auf dem Gerichtsweg zu erlangen, räumten die Karlsruher Richter nicht ein. Von einem automatischen Sorgerecht für unverheiratete Väter ab Vaterschaftsanerkennung ist weder in dem Beschluss des Verfassungsgerichts noch im Urteil des europäischen Gerichtshofs die Rede. Die Bundesjustizministerin Sabine Leutheusser-Schnarrenberger (FDP) aber sagte nach dem Karlsruher Beschluss: »Ich will eine Reform, die den betroffenen Vätern Wege aufzeigt, wie sie auch ohne vorherige gerichtliche Entscheidung ihr Sorgerecht ausüben können.«[127] Was ein wenig gewunden klingt, kann eigentlich nur auf eine Weise verstanden werden: Nicht verheiratete Väter sollen das Sorgerecht automatisch bekommen. Genauso wie es die Initiative »Väteraufbruch« und einige Politiker der FDP fordern. Gegenstimmen kamen aus der CDU/CSU, aus dem Deutschen Juristinnenbund und aus der Arbeitsgemeinschaft der deutschen Familienorganisationen e.V. (AGF). Dieser Organisation gehören sowohl konfessionelle Bündnisse wie auch Familien-Verbände an, darunter der Verband alleinerziehender Mütter und Väter (VAMV). Dieser hatte sich vor dem Karlsruher Beschluss gegen die Möglichkeit des ledigen Vaters ausgesprochen, gerichtlich gegen das alleinige Sorgerecht der Mutter zu klagen[128], musste nun aber mit der neuen Rechtslage umgehen.

Im Herbst 2010 standen zwei Modelle zum neuen Sorgerecht für unverheiratete Väter zur Diskussion. Wie das Gesetz genau aussehen wird, stand bei Drucklegung dieses Buches noch nicht fest. Es gab zwei unterschiedliche Ansätze, mit sehr unterschiedlichen Folgen für die Mütter:

1. Das »Antragsmodell«, in dem der unverheiratete Vater das Sorgerecht beantragen muss. Widerspricht die Mutter, kann der Vater das Familiengericht anrufen. Dieses Modell soll für die Übergangszeit gelten, bis das neue Gesetz ausgestaltet und verabschiedet ist.
2. Das »Widerspruchsmodell«, das die Justizministerin im August 2010 offenbar bevorzugte: Mutter und Vater erhalten ab Anerkennung der Vaterschaft automatisch das gemeinsame Sorgerecht. Möchte die Mutter das nicht, kann sie Widerspruch einlegen, über den ein Familiengericht entscheidet.

Damit soll vor allem dem Wohl des Kindes gedient sein. Die Ministerin will, dass »in möglichst vielen Fällen Eltern gemeinsam das Sorgerecht ausüben. Denn das ist im Zweifel für das Kind das Beste.«[129] Im Zweifel? Niemand bezweifelt, dass es für ein Kind das Beste ist, wenn beide Eltern aktiv Verantwortung übernehmen und sich dabei respektvoll austauschen und begegnen. Das Sorgerecht allein garantiert dieses Verhalten nicht.

Gegen ein automatisches Sorgerecht

Die Familienrechtsanwältin und VAMV-Vorsitzende Edith Schwab widersprach den Vorstellungen der Ministerin dann auch vehement:

»Entgegen der geäußerten Absicht der Ministerin verbessert das Sorgerecht von Vätern für sich allein gesehen nicht die Situation der Kinder, wenn es völlig abgekoppelt von jeglicher Übernahme von Verantwortung und Empathie für das Kind daherkommt.«[130]

Jutta Wagner vom Juristinnenbund sagte:

»Natürlich wäre es schön, die Verantwortung nichtehelicher Väter zu stärken. Aber der Weg sollte umgekehrt gehen: Die Väter sollen zunächst mal Verantwortung übernehmen. Die Mütter haben diese Verantwortung ungefragt an 365 Tagen im Jahr und 24 Stunden am Tag.«[131]

Womit wir bei der Realität der Alleinerziehenden sind. Fast neunzig Prozent Frauen, Tendenz steigend. Die Zahl der alleinerziehenden Männer dagegen sinkt, wie schon eingangs beschrieben. Eine Folge der »in Deutschland noch immer

sehr verbreiteten traditionellen Rollenverteilung«, wie Edith Schwab sagt.[132]
An der Rollenverteilung ändert das Sorgerecht für unverheiratete Väter vermutlich erst einmal wenig. Was sich ändern kann, ist einschneidender, als es die juristische Sprache auf den ersten Blick erkennen lässt:

Die alleinerziehende Mutter, die das Sorgerecht gegen ihren Willen teilen muss, kann nicht mehr allein entscheiden, wo sie mit dem Kind lebt. Sie kann nicht mehr allein bestimmen, welche Kita und welche Schule das Kind besucht. Sie braucht für jede Kontoeröffnung, für jeden Passantrag, für jede Impfung und größere medizinische Behandlung das Einverständnis des Vaters. Manche Schulen verlangen für jede Klassenreise, für jede Nachmittagsbetreuung die Unterschrift des Vaters. Einiges davon wird das Leben von Mutter und Kind massiv beeinflussen. Eine Frau, die in einer anderen Stadt als dem Wohnort des Vaters eine Arbeitsstelle findet, kann ohne das Einverständnis des Vaters nicht mit dem Kind umziehen. Wenn andererseits berufliche Flexibilität und Eigenverantwortung (neues Unterhaltsrecht!) gefordert werden, kann es hier zu existenziellen Interessenkonflikten kommen.

Nun teilt sich – zumindest in den alten Bundesländern – ein Großteil der alleinerziehenden Frauen ohnehin das Sorgerecht mit dem Vater, sei es, weil sie mit ihm einmal verheiratet waren, sei es, weil die Eltern die gemeinsame Sorgeerklärung abgegeben haben. Diejenigen, die das gemeinsame Sorgerecht verweigerten, hatten dafür nach Ansicht des Verfassungsgerichtes in seinem früheren Beschluss vom 29.01.2003 schwerwiegende Gründe. Diese Annahme ist inzwischen hinfällig. Das neue Karlsruher Urteil spricht vielen der sorgerechtsverweigernden Mütter schwerwiegende Gründe ab und geht davon aus, sie wollten das Sorgerecht mit den Vätern einfach nicht teilen.[133]

Was aber sind nun die Voraussetzungen für ein gemeinsames Sorgerecht? In einer früheren Entscheidung des Bundesverfassungsgerichts vom 29.01.2003 wurden sie so formuliert:

»Die gemeinsame Sorge setzt laut Bundesverfassungsgericht bei beiden Elternteilen die Bereitschaft voraus, aus der Elternstellung nicht nur Rechte herleiten zu wollen, sondern auch Pflichten gegenüber dem Kind zu übernehmen, also Verantwortung für das Kind zu tragen. Nur dann soll die gemeinsame elterliche Sorge mit dem Kindeswohl vereinbar sein. Zur Verantwortungsübernahme gehört einerseits der Aufbau einer persönlichen Beziehung zum Kind durch jeden Elternteil und andererseits ein Mindestmaß an Kooperationsbereitschaft und Übereinstimmung zwischen den Eltern.«[134]

Frauen, die nie mit dem Vater ihres Kindes zusammengelebt haben, deren Partnerschaft möglicherweise während der Schwangerschaft oder kurz nach der Geburt in die Brüche ging oder die den Vater ihres Kindes kaum kannten, müssen sich nun darauf einstellen, mit einem Menschen zu kooperieren, zu dem nie eine tragfähige Beziehung bestanden hat. Darüber sollten sich Frauen im Klaren sein. Oft müssen sie einem Menschen, mit dem sie so wenig wie möglich zu tun haben wollen, einen ungeheuren Vertrauensvorschuss geben, und das in einer Situation, in der sie selbst der größten Unterstützung bedürfen – unmittelbar nach der Geburt. Können sie das nicht, erwartet sie möglicherweise ein harter Rechtsstreit – in einer Phase, in der sie für ein neugeborenes Kind sorgen. Ob das dem Kindeswohl dient?
Ein Team aus Wissenschaftlern, das im Auftrag des Bundes-

justizministeriums für das Projekt »Gemeinsames Sorgerecht nicht miteinander verheirateter Eltern« forschte, kam in seinem vorläufigen »Kompakten Zwischenbericht«, der dem Ministerium im Mai 2010 vorlag, zu anders lautenden Empfehlungen.

Darunter folgende:

»Zusammengenommen lassen diese Befunde schlussfolgern, dass ein gemeinsames Sorgerecht, das für zusammen gemeldete Paare ab Geburt des Kindes eingerichtet wird, angemessen erscheint, während eine generelle Zuweisung des gemeinsamen Sorgerechts auch für getrennt lebende Elternpaare oder Eltern, die keine Partnerschaft haben, nicht indiziert erscheint.«[135]

Gemeinsames Sorgerecht für unverheiratete Eltern ja, aber nicht bei Eltern, die nicht zusammenleben, getrennt sind oder keine Partnerschaft haben. Ob diese Schlussfolgerung arrivierter Wissenschaftler Gehör fand?

Auch ein weiteres Ergebnis aus dem Kompakten Zwischenbericht ist aufschlussreich:

»Bei getrennten Eltern lassen sich Hinweise darauf erkennen, dass sowohl im engeren als auch im weiteren Sinne kindeswohlrelevante Kriterien, die gegen die geS (gemeinsame Sorge) sprechen, von den Eltern genannt werden. Hier sind es insbesondere Fälle stark wechselnder Verantwortungsübernahme und ein Ignorieren kindlicher Bedürfnisse, die zu diesen Situationen führen. Eine Debatte um das Sorgerecht verschärft diese Konflikte, und die alleinige Sorge kann in Einzelfällen dazu verwendet werden, Macht auszuüben.«[136]

Hebel im elterlichen Machtkampf

Wohlgemerkt: Von Alleinerziehenden ist nicht die Rede, auch nicht von Müttern und Vätern. Aber das Stichwort »Macht« ist gefallen. Draußen im Leben, jenseits der Laboratorien der Gesetzgebung, ist Machtausübung ein starker Antrieb bei Streitigkeiten um das Sorge- und Umgangsrecht. Es wäre falsch, dies in ein Gute-Mütter-böse-Väter-Schema zu pressen. Die Rechtsanwältin Anke Mende sagt:

»Es gibt Manipulationen und Instrumentalisierungen, völlig unabhängig vom Geschlecht. Sicher gibt es umgangsverweigernde Mütter, die nicht immer die für jeden nachvollziehbaren Gründe haben. Es gibt aber auch sehr viele instrumentalisierende Väter, die von reinen Sunshine-Daddies, die sie noch in der Beziehung waren, zu schlimmen Manipulationsvätern werden. Sie wiegeln die Kinder gegen die Mutter auf, etwa indem sie sagen: ›Deine Mutter kriegt doch ganz viel Unterhalt, wie läufst du da wieder rum.‹ – Es geht sehr viel über Geld.«

Sitzt Anke Mende eine Frau gegenüber, die den Umgang des Vaters mit dem Kind grundlos verweigert, versucht sie, diese in eine Beratung zu schicken.

»Diesem Verhalten liegen oft Verletzungen zu Grunde, an die ich nicht herankomme. Das ist auch nicht meine Aufgabe, noch habe ich die Möglichkeit dazu. Ich hatte aber auch Männer als Mandanten, bei denen ich gemerkt habe, es geht überhaupt nicht um das Kind, sondern darum, der Frau das Leben schwer zu machen. Zum Beispiel, das Kind gerade zu solchen Zeiten nicht zu nehmen, wo es die Mutter entlasten würde. Manchmal lässt sich so etwas in einer Mediation auflösen.«

Das neue Sorgerecht kann jene »Schieflage« verstärken, von der Anke Mende spricht:

»Die tatsächliche Verantwortungsübernahme ist nicht einklagbar. Das wissen wir auch seit dem Urteil des Oberlandesgerichts Brandenburg von 2008 über den verweigerten Umgang des Vaters mit seinem Kind. Das Gericht wollte einen Vater zum Umgang verpflichten. Das Urteil wurde vom Verfassungsgericht wiederaufgehoben, weil ein Vater, der zum Umgang mit seinem Kind gezwungen werde, dem Kindeswohl nicht zuträglich sei.«

Jedes Recht kann missbraucht werden. Dieses aber vielleicht besonders einfach und folgenlos. Die Anwältin konstatiert:

»Es gibt keine Einwirkungsmöglichkeiten auf den mitsorgeberechtigten Elternteil, zum Wohl des Kindes an einem Strang ziehen zu müssen.«

Dennoch unterscheidet Anke Mende, wo sie das neue Sorgerecht für sinnvoll hält und wo nicht: Wenn Eltern-Paare unverheiratet zusammenleben, sieht sie keine Einwände. Bei Vätern, die sich früh verabschieden, dagegen schon. Als Anwältin sucht sie nach pragmatischen Lösungen für ihre Mandanten:

»Wenn der mit sorgeberechtigte Elternteil Entscheidungen mitträgt und die entsprechenden Unterschriften leistet, obwohl er sonst nicht präsent ist, dann spricht nichts dagegen. Das hat aber nichts mit der tatsächlichen Verantwortung zu tun, die ich für eine nachträgliche Einrichtung des gemeinsamen Sorgerechts voraussetzen würde.«

Also eine Entwarnung aus der Praxis? Nicht ganz. Anke Mende:

»Das mit dem Sorgerecht verbundene Aufenthaltsbestimmungsrecht kann natürlich zum Knüppel werden, dem man dem anderen zwischen die Beine wirft. Es geht sehr häufig um Kontrolle, Macht und Druck. Da äußert ein Vater dann auch mal: ›Wenn du jetzt den höheren Kindesunterhalt willst, dann sorge ich dafür, dass du nicht umziehen kannst.‹«

Wer keinen Unterhalt zahlt, hat trotzdem das Sorge- und Umgangsrecht

Apropos Unterhalt: Wird kein oder nicht zuverlässig Unterhalt bezahlt, obwohl der Elternteil dazu in der Lage ist, ändert das nichts an seinem Sorge- und Umgangsrecht. Nichts zahlen, aber über alles mitbestimmen, ist eine keineswegs seltene Kombination. Insofern ist der Umkehrschluss, wie ihn der Soziologe Hans Bertram zieht, vielleicht doch diskussionswürdig. Auf die Frage der Autorin und NDR-Fernsehdirektorin Maria von Welser, warum sich Väter vor Unterhaltszahlungen drücken, antwortete Bertram:

»Wir haben bisher keinen Weg gefunden, dass die Eltern, wenn sie auseinander gehen, Wege finden, im Interesse des Kindes weiter zu kommunizieren. Wir haben zwar ein geteiltes Sorgerecht, aber das funktioniert nicht.
Das Spannende aber ist, dass Väter auch nach einer Scheidung weiterhin gefühlsmäßige Bindungen zu ihren Kindern haben. Aber der Kontakt ist weg.
Man müsste also sicherstellen, dass die Väter irgendwie den Weg zum Kind behalten. Und dann, vermute ich, ist die Frage der Zahlung weniger bedeutungsvoll als jetzt.«[137]

Lydia W. erlebt die Kluft zwischen dem Boykott aller Pflichten und dem Beharren auf allen Rechten seit der Geburt ihres Sohnes. Ali ist jetzt elf.

Die Journalistin stellt den Erfahrungen mit dem Vater ihres Sohnes, ihrem Exmann, eine wütende Feststellung voran: »Einerseits stiehlt man sich aus der Verantwortung, gleichzeitig fordert man alle Rechte. Und das gilt als okay in der deutschen Politik.« Seit vielen Jahren fühlt sie sich und ihr Kind vom Rechtsstaat im Stich gelassen. Manchmal sogar verhöhnt. Sie ist eine zarte Frau, der man ihre wehrhafte Seite zunächst nicht ansieht. Vermutlich hat dies auch der Mann nicht gesehen, als sie vor zwölf Jahren heirateten. Sie und Tariq, ein Elektroingenieur, der zum Studium aus dem Libanon nach Deutschland kam und inzwischen die deutsche Staatsbürgerschaft besitzt. Sie kannten sich fünf Jahre, als Ali zur Welt kam. »Die Beziehung war immer schwierig. Am besten war sie eigentlich in der Schwangerschaft. Aber kaum war Ali geboren, war alles anders. Das fing schon im Krankenhaus an. Da kam ich aus dem Stillzimmer zurück, und er fing an zu toben, was ich mir einbilde, meinen Busen dort zur Schau zu stellen. Er hat mich als Hure und Schlampe beschimpft, für mich völlig unerwartet. In dem Moment war klar, dass das zu Ende gehen würde, aber ich konnte mich nicht trennen. Ich war zu schwach nach der Geburt.« Die Trennung wagt sie, als der Sohn ein Jahr alt ist und jede »Restillusion«, wie sie es nennt, dahin ist. Nicht genug, dass er ihr mit dem Kind nicht hilft, sie muss nun auch noch seine Eltern bedienen, wenn sie zu Besuch kommen, um den Enkel zu sehen. Lydia W. spricht vom Rückfall ihres Exmannes in die tradierten Vorstellungen seiner Herkunftsfamilie – ein häufiges Phänomen in dem Moment, wo die Lebensgefährtin und Geliebte Mutter wird.

Die Trennung will der Mann nicht akzeptieren. Er droht damit, ihr und dem Kind etwas anzutun, wirft Möbel durch die Wohnung, zerrt Lydia herum. Der Sohn liegt auf einer Decke im selben Zimmer und erlebt alles mit. In diesem Stadium macht Lydia einen leider sehr weitverbreiteten Fehler: Sie holt sich keine Hilfe von der Polizei oder den Behörden. Der Mann wird trotz seiner Drohungen und Tätlichkeiten nicht aktenkundig. Weil er nicht auszieht, verlässt sie mit dem Sohn die Wohnung und zieht in eine andere billigere Bleibe um, nicht weit entfernt von der alten. Geld verdient sie mit einem Halbtagsjob in einem Callcenter. Zum Schreiben hat sie keine Kraft. Vormittags ist das Kind in der Krippe. Bis 2005 zahlte der Vater den Mindestunterhalt für den Sohn. Als Lydia 2006 allein mit Ali wegen einer beruflichen Chance von Lübeck nach Bremen umzieht, stellt er die Zahlungen ein. Bei seiner Arbeitsstelle meldet er sich krank – etwa ein Jahr lang. Dadurch verliert er seinen Job. Er hatte wahr gemacht, was er ihr bei der Scheidung angekündigt hatte: »Wenn ich Unterhalt zahlen muss, mache ich nichts mehr.« Ein Jahr lang bringt ihm Lydia den Sohn regelmäßig mit dem Zug nach Lübeck, einmal ohrfeigt er die Mutter vor dem Kind auf dem Bahnsteig und schreit, er werde sie vor den Zug werfen. Danach geht Lydia zum Jugendamt und bittet um begleiteten Umgang. Dazu kommt es nie. Ali wird auf Initiative des Jugendamts hin begutachtet mit dem Ergebnis – das Kind sei stabil, betreuter Umgang nicht nötig.

Inzwischen lebt ihr Exmann als ALG-II-Empfänger ebenfalls in Bremen, er wollte in der Nähe seines Sohnes sein. Lydia will klare Absprachen über die Besuche von Ali bei ihm. Er kümmert sich um den Sohn, aber nur so, wie es ihm passt. Zugleich beantragt er beim Familiengericht den Umzug des Sohnes zu ihm. Es kommt zu einem Verfahren, in dessen Verlauf Lydia spürt, dass sie auf verlorenem Posten ist. Die Richterin glaubt den Darstellungen des Vaters von der »umgangsverweigernden Mutter«. Auch eine Libanon-Reise von Vater und Sohn, der die

Mutter zugestimmt hatte, spricht in den Augen der Richterin nicht für das Gegenteil. Zu Lydia sagt die Richterin:»Ich kann es mir schon vorstellen, dass Sie da mit abgekauten Fingernägeln herumgelaufen sind vor Angst, aber das ist ihr Problem.« Lydia stellt danach einen Befangenheitsantrag. Er wird abgelehnt.

Seither überziehen sich die getrennten Eltern mit Anzeigen und Klagen. Sie zeigte ihn an wegen Verstoßes gegen die Unterhaltspflicht. Er zog vor das Sozialgericht, weil er als ALG-II-Empfänger mehr Sozialleistungen wegen des Umgangs will. Für das Gerichtsverfahren brauchte er die Zustimmung der Mutter für die alleinige Vertretung des Sohnes vor dem Sozialgericht. Lydia, die nicht recht verstand, worum es eigentlich ging, unterschrieb den Antrag nicht – und wurde nun wiederum vom Vater vor das Familiengericht zitiert, weil sie ihre Zustimmung verweigert hatte. Die Richterin gab ihm Recht, Lydia muss nun die Kosten des Verfahrens beim Familiengericht tragen, etwa 1500 Euro.

Inzwischen betrachtet sie sich selbst als »prekären Fall«. Die Medienkrise im Jahr 2009 hatte der freien Journalistin deutliche Einkommenseinbußen beschert, nun lebt sie selbst am Existenzminimum. Mit Unterhalt für den Sohn rechnet sie nicht mehr, demnächst läuft der Unterhaltsvorschuss aus. Dass der Vater in solch einer Situation vors Sozialgericht zieht und Hilfen vom Staat will, findet Lydia »pervers«: »Das macht also jemand, der seit sechs Jahren keinen Unterhalt zahlt und sonst auch keinen Beitrag zu den Bildungskosten leistet ... nach dem Motto: Ich hab ein Kind in die Welt gesetzt, aber da mich die Mutter verlassen hat, muss ich nicht arbeiten und die Verantwortung fürs Kind übernehmen, sondern kriege dafür auch noch was drauf vom Staat.« Was ihr Exmann betreibt, ist für sie die perfekte Rache: »Wenn Ali bei ihm wohnt, muss er keinen Unterhalt zahlen, bekommt mehr ALG-II plus Kindergeld und vielleicht noch Unterhalt fürs Kind von mir.«

Warum hängt das Sorge- und Umgangsrecht nicht mit dem Unterhalt zusammen? Schließlich dienen Unterhaltszahlungen dem Wohl des Kindes.

Der Rechtswissenschaftler Ludwig Salgo erklärt es so:

»Elterliche Sorge und Umgangsrecht sind erst einmal – rechtlich gesehen – unabhängig von der Frage der Zahlung von Unterhalt. Psychologisch und aus der Scheidungsforschung wissen wir sehr genau, dass es da sehr wohl sehr komplexe psychodynamische Zusammenhänge gibt. In den Fällen, in denen zum Beispiel Unterhalt gezahlt wird, haben wir weniger Unterhaltsstreitigkeiten, und dann haben wir auch weniger Umgangsstreitigkeiten. Da gibt es klare Zusammenhänge. Der Gesetzgeber will das aber auseinanderhalten. Er sagt: Jemand, der kein Geld hat, der soll doch trotzdem sein Kind sehen dürfen. Das ist ja keine Peepshow – nur derjenige, der bezahlt, darf etwas sehen. Das ist auch wichtig. Einerseits. Andererseits ist es so, dass in der Tat jemand, der wirklich Interesse an seinem Kind hat, auch das Letzte mit seinem Kind teilen wird. Es ist schon merkwürdig, wenn gegen jemanden Unterhaltsprozesse geführt werden müssen, der sich sonst einiges leistet. Ein Auto, eine gute Wohnung etwa. Es ist zu fragen, ob wir Unterhaltsverletzungen in Deutschland konsequent genug verfolgen. Sie sind zwar ein Straftatbestand, aber was nützt uns ein Elternteil, der keinen Unterhalt zahlt, im Gefängnis? Andere Länder gehen da andere Wege. Sie schreiben Leute, die keinen Unterhalt zahlen, zur Fahndung aus oder entziehen den Führerschein. Es gibt offensichtlich empfindliche Stellen, an denen Sanktionen ansetzen können und die dabei auch erfolgreich sind.«[138]

Die Grenzen der Vermittlung

Hilft in einem Fall wie dem von Lydia, Tariq und Ali eine Familienberatung? Nein, sie waren bei einer evangelischen Beratungsstelle und auch bei der Arbeiterwohlfahrt. Ohne Erfolg. Wenn jemand zur Sabotage des anderen entschlossen ist, ist keine Rettung in Sicht.

Was geschieht mit den Kindern? Bleiben sie schwerverwundet fürs Leben auf dem elterlichen Schlachtfeld zurück? Verraten und vergessen, manchmal von sturen Richtern zu Opfern von Zwangsmaßnahmen gemacht? Vor allem in Brandenburg kam es sogar zu Heimeinweisungen von Kindern, die sich weigerten, den anderen Elternteil zu sehen.[139] Manche Kinder, die zu Geiseln zwischen den zerstrittenen Eltern werden, nehmen sich das Leben.

Lydia sagt, sie möchte, dass ihr Sohn selbstständig wird und lernt, seine Interessen zu vertreten. »Er kommt gegen ihn nicht an, traut sich nicht, ihm zu sagen, was er möchte. Wenn er das tut, bestraft er ihn mit Liebesentzug.« Bei ihr, meint Lydia, habe ihr Sohn vermutlich viel »Ohnmacht erlebt«.

Die Anwältin Anke Mende hält eine Situation wie die zwischen Tariq und Lydia für immens gefährlich – für das Kind:

»Wenn Eltern keinerlei Kooperation und Kommunikation miteinander haben, gehen Kinder zu Grunde. In manchen Fällen wenden sie sich in der Pubertät ab von dem Elternteil, bei dem sie leben, und dann steht der andere mit offenen Armen da – natürlich sehr oft der Vater. Bei der Mutter ist ja alles uncool, die chillt nicht und meckert immer. Alles nur noch stressig. Spätestens nach einem halben Jahr merkt der Vater dann auch, dass er die Zügel anziehen muss, denn in der Regel hat er auch ein Interesse daran, dass die Schule beendet wird. Dann kommt es manchmal wieder zum Umzug, zurück zur Mutter. Ich hatte einen Fall, da ist ein jetzt sechzehnjähriger Junge viermal zwischen Mutter und Vater hin- und hergezogen. Er hat ein Jahr Schule verloren. So etwas ist nicht ganz selten.«

Hilft es, dem anderen zu vermitteln, dass man das Kriegsbeil begraben und kooperieren will?

»Ich bin eine starke Verfechterin der Mediation. Da gibt es Möglichkeiten der Vermittlung, nicht aber auf dem Weg eines autoritären Dritten, eines Richters, eines Kinderpsychologen, wie es ja oft erwartet wird. In Fällen mit ausgeprägter Beratungsresistenz ist schon der Wunsch des anderen, zu kooperieren, manchmal erschreckend. Denn das heißt für ihn: nach dessen Regeln. Aber das kann man aufbrechen, wenn beide dazu bereit sind, wenn es eine innere Bereitschaft gibt. Wenn das nicht geht, gibt es eigentlich nur die Möglichkeit der parallelen Elternschaft. Das bedeutet, dass jeder in der Zeit, in der die Kinder bei ihm sind, die Verantwortung allein trägt und dass man die Felder, in denen überhaupt an einem Strang gezogen wird, auf ein Minimum reduziert.«

Eignet sich in solchen Fällen das derzeit viel proklamierte »Pendelmodell« (auch »Wechselmodell«) – wo Kinder wechselweise beim Vater und bei der Mutter leben?

»Für mich scheidet das Pendelmodell in solchen Fällen klar aus. Das gängige Modell »Lebensmittelpunkt beim einen – Umgang mit dem anderen Elternteil« ist besser, wenn die Konfliktfelder so groß sind. Das Wichtigste ist es in diesem Fall, den Kindern den Rücken zu stärken und ihnen zu erklären: »Ja, es ist schade, dass wir das nicht anders können, aber es gibt Situationen und Menschen, bei denen funktioniert es eben nicht. Es ist wichtig, dass Kinder die Konflikte ihrer Eltern nicht als eigenes Versagen empfinden.«

Mediation hat ihre Grenzen – dann, wenn es zu Gewalt kam oder noch kommt. Das ist nicht die Norm, aber es sind auch keine Einzelfälle.

Jedes Jahr suchen etwa 40.000 Frauen und Kinder in Frauenhäusern Schutz.[140] Jede zehnte Frau erlebt laut einer Studie des Bundesfamilienministeriums in Trennungs- und Scheidungssituationen Gewaltandrohung und Übergriffe.[141] Wenn in einer solchen Situation im Zug von »Beschleunigungsregelungen« sofort wieder Umgang stattfinden soll, gerät das Umgangsrecht in Konflikt mit dem Recht auf körperliche Unversehrtheit – nicht nur der Mutter, sondern auch der Kinder. Die Rechtswissenschaftlerin Sibylla Flügge beschreibt die Folgen für Kinder:

»Was dabei völlig aus dem Blick gerät, ist nicht nur der Anspruch der Frauen auf persönliche Sicherheit, sondern auch die Wahrnehmung der Kinder: Ihnen wird durch diese Rechtspraxis signalisiert, dass die Misshandlung der Mutter kein schwerwiegendes Problem darstellt, jedenfalls kein Problem, das die Erziehungseignung des Vaters einschränkt und die Kinder gefährdet. Wir müssen aber davon ausgehen, dass die Kinder sich durch Aggressionen, die sich gegen ihre Bezugsperson richten, unmittelbar selbst bedroht fühlen. (...) Damit werden Kinder, die Gewalt in der Familie miterleben, unmittelbar in ihrer psychischen Entwicklung geschädigt.«[142]

Gewalt ist keine Bagatelle

»Nie leben Frauen so gefährlich wie unmittelbar nach der Trennung«, schreibt Sibylla Flügge und bezieht sich dabei auf die Studie des Bundesfamilienministeriums von 2004.[143] Der Rechtswissenschaftler Ludwig Salgo macht seit Jahren darauf aufmerksam, dass häusliche Gewalt im Kontext familiengerichtlicher Verfahren vernachlässigt wird.[144] Hinter dem richtigen Grundsatz: der Umgang mit beiden Elternteilen dient dem Kindeswohl – verschwindet die Frage, ob dies unter allen Umständen zutrifft.

Im Interview gibt Ludwig Salgo nicht nur einen Einblick in die Rechtslage, er rät Eltern dringend dazu, das Schweigen und die Scham zu durchbrechen. Nur so können Kinder geschützt werden.

Eine der Frauen, die für dieses Buch Auskunft gaben, bekam das Kind nach dem Besuchswochenende beim sorgeberechtigten Vater mit blauen Flecken am Unterarm zurück. Man sah die Fingerabdrücke. Das Mädchen erzählte, Papa habe sie »ganz doll am Arm gedrückt«, weil sie nicht ins Bett gehen wollte. Der Anwalt, von der Mutter informiert, schrieb ihr, da sei nichts zu machen, man könne die Herkunft der blauen Flecke nicht nachweisen. Wie kann man Kinder dann überhaupt schützen?

Ludwig Salgo: Es gibt bestimmte Blutkrankheiten, bei denen Kinder manchmal ganz schnell blaue Flecke bekommen. Das ist allerdings sehr selten, und Ärzte können in kürzester Zeit ausschließen, ob es sich um solch eine Erkrankung handelt. Eltern stehen in der Pflicht, Kinder davor zu bewahren, sich zu verletzen. Nun kann man sich natürlich auch beim Fußballspielen oder bei einem Sturz blaue Flecke holen. Es ist dann zu fragen: Was sagen die Kinder? Wir wissen aus der Forschung dazu sehr gut, dass Kinder solche dramatischen Ereignisse nicht vortäuschen und dass ihre Aussagen zu solchen Erlebnissen in einem sehr, sehr hohen Maße glaubhaft sind. Sie sagen nicht weniger oft die Wahrheit, als es Erwachsene tun, eher sogar öfter. Kinder, die Übergriffe erfinden, sind nicht sehr wahrscheinlich.

Wenn ein Kind aus einem Wochenendbesuch beim anderen Elternteil mit blauen Flecken zurückkommt, würde ich das Kind sofort in der Gerichtsmedizin vorstellen. Dort würde ich darum bitten, diese blauen Flecke erklärlich zu machen. Inzwischen gibt es viel mehr Möglichkeiten, Verletzungen von Kindern jeglicher Art in ihrem Entstehungszusammenhang zu erklären. Das ist eine Möglichkeit, die unterschätzt und zu selten genutzt wird.

Woran liegt es, dass Eltern sich in solchen Situationen oft ohnmächtig fühlen?

Ludwig Salgo: Das hat viel mit Scham zu tun. Wenn solche Gewaltsituationen nach außen offenbart werden, dann sind dem oft sehr lange Zeiten des Verbergens und des Nichtwahrhabenwollens und der Verleugnung vorausgegangen. Es ist dann schon ein schwieriger Schritt, das nach außen zu tragen. Aber ich kann dazu nur ermutigen. Es gibt inzwischen Fachberatungsstellen für solche Fragen, es gibt Ärzte, die hier sehr genau untersuchen. Inzwischen gibt es auch eine Initiative an der Fachhochschule Fulda, beim Thema Kindesmisshandlung und häusliche Gewalt Zahnärzte mit einzubeziehen. Zahnärzte können Veränderungen aufgrund von Gewalteinwirkungen oft sehr gut erkennen. Sie müssen sie dann auch dokumentieren und damit die Beweise sichern.

Warum ist die Offenlegung von Gewalt so wichtig?

Ludwig Salgo: Seit 1980 ächten wir in sozialen Nahbeziehungen Gewalt in jeder Form. Sei es in der Familie, sei es im sozialen Nahbereich. Wir haben ein Gewaltschutzgesetz. Polizisten sind inzwischen weitaus stärker sensibilisiert als früher, allmählich auch die Sozialarbeiter. Die Frage ist, mit welchen Mitteln wir die Gesetzeslage durchsetzen. Das wird sicher noch ein mühsamer Weg. Auch Familienrichter müssen häusliche Gewalt als einen prekären Zustand wahrnehmen und darauf reagieren. Wir wissen aus der Hirn- und aus der Traumaforschung, dass das Miterleben von Gewalt gegen die Bezugspersonen annähernd denselben Schädigungsgrad verursacht, wie wenn gegen das Kind selbst Gewalt ausgeübt worden wäre. Ein Familienrichter kann sich nicht darauf zurückziehen, dass der Umgang in jedem Fall stattfinden muss. Ich sage nicht, dass es bei häuslicher Gewalt unter keinen Umständen Umgang geben soll. Aber über das Ob und Wann und Wie müssen wir uns genau Gedanken machen. Es geht darum, den Teufelskreis zu durchbrechen. Denn sonst werden einfach Muster übernommen, gerade auch von den Jungen: Ich kann mich mit Gewalt durchsetzen, und das wird auch nicht sanktioniert. Daraus entsteht eine neue gewalttätige Generation. Deshalb ist es wichtig, dass der Staat glaubwürdig bleibt und die Gewaltfreiheit in sozialen Nahbeziehungen auch durchsetzt. Dafür sind Richter da, sie müssen das Gewaltschutzgesetz sowie das »Recht des Kindes auf gewaltfreie Erziehung« dann auch in aller Ernsthaftigkeit durchsetzen.

Sie werden in den Internetforen von Vätergruppen immer wieder attackiert. Auf der Website des »Väternotruf« wird Ihnen »Mutterfixiertheit« unterstellt und über Gründe spekuliert, warum Sie so »frauen- und mütterlastig in Erscheinung treten«. Gehen Sie gegen solche Diffamierungen an?

Ludwig Salgo: Das interessiert mich nicht, ich höre von diesen Dingen auch eher von Studenten, die mehr im Internet unterwegs sind als ich. Ich habe früher als Anwalt gearbeitet und auch Väter vertreten, so ist das nicht. Aber wenn Väter häusliche Gewalt ausüben, wenn sie meinen, sie könnten sich mit Terror durchsetzen, dann sind sie bei mir falsch. Solche Väter treten ja auch nie direkt an mich heran, sie suchen den Weg der Anonymität im Internet, weil sie einen anderen Weg scheuen. Ich bin Jurist und Wissenschaftler, ob ich Recht oder Unrecht habe, wird sich zeigen. Meine Positionen sind aber vom Gesetzgeber immer wieder aufgegriffen worden. Ich habe mich erfolgreich für die Einführung des Verfahrensbeistandes (eines »Anwaltes des Kindes«) sowie für zahlreiche andere die Interessen von Kindern berücksichtigende Gesetze eingesetzt.

Es wäre gut, wenn diese Väter, die sich auf diese Weise im Internet hervortun, auch einmal mit der gleichen Energie unter ihresgleichen für Klarheit sorgen würden hinsichtlich von Gewalt, Terror, Einschüchterung und unterlassenen Unterhaltszahlungen. Sie hätten genug Aufgaben. Und dann wären diese Argumente solcher im Internet anonym agierender Väter auch glaubhafter. Ich glaube, wenn die Aufgaben um Elternschaft und Kinder unter den Eltern gleichmäßig verteilt wären, dann fänden auch weit weniger Auseinandersetzungen statt.

9. Ausblick: In Zukunft getrennt vereint?
Was Alleinerziehenden bis dahin wirklich hilft

Eine gerechte Aufteilung der Arbeit stiftet Frieden, auch zwischen getrennten Eltern. Noch ist die These des Rechtswissenschaftlers Ludwig Salgo nicht in der Realität angekommen. Noch sind vor allem die Pflichten ungleich verteilt. In zwei oder drei Generationen könnte es so aussehen: Die alleinerziehende Mutter und den alleinerziehenden Vater gibt es nicht mehr. Beide Elternteile sind nun gleichermaßen für den Alltag der Kinder verantwortlich, so wie es die Schriftstellerin Julia Franck in ihrem Wunschbild vom »idealen Vater« beschrieben hat.[145] Beide müssen nun Arbeit und Familie austarieren, beide harren nächtelang am Bett eines schreienden Kleinkinds, beide bleiben zu Hause, wenn das Kind krank ist, beide fahren nur während der Schulferien in Urlaub. Beide müssen darauf achten, dass weder die neue Liebe noch die Kinder zu kurz kommen, beide können Dienstreisen nur antreten, wenn gut für die Kinder gesorgt ist, beide müssen sich um Babysitter und Kinderbetreuung kümmern, beide müssen Kuchen backen fürs Kindergartenfest und Elternabende besuchen, beide müssen Mathe lernen, beide werden abends um acht, wenn sie erschöpft auf dem Sofa liegen, von Lehrern angerufen, weil sich der Sprössling angeblich schlecht benommen hat. Beide bringen die Kinder zum Fußball und jubeln am Rand des Spielfelds, beide warten stundenlang in der Ersten Hilfe, wenn sich ein Kind den Fuß gebrochen hat – und beide sind trotz aller Anstrengungen gleichermaßen stolz, glücklich und fragen sich, ob sie gute Eltern sind.

Ja, mag man einwenden, das hätten sie ja alles vorher gemeinsam tun können. Offenbar war aber gerade das nicht partnerschaftlich möglich, sonst hätten sie sich mit großer Wahrscheinlichkeit nicht getrennt. Das mag eine Behauptung sein, zugegeben, aber sie wird gestützt durch ein anschauliches Zitat, das sich in der vom Justizministerium in Auftrag gegebenen Studie zum gemeinsamen Sorgerecht nicht miteinander verheirateter Eltern findet. Unter den Interviewpartnern des Forscherteams fanden sich einige ehemalige unverheiratete Paare, die das gemeinsame Sorgerecht vereinbart hatten. Die Resultate der Forschergruppe basieren auf Gesprächen, Ausschnitte daraus werden kursiv wiedergegeben.

»Die Mütter deuten die geteilte Elternschaft als durchweg positiv für ihre eigene Lebensplanung und Lebensführung. Obwohl sich die Mütter als alleinerziehend bezeichnen und die Kinder hauptsächlich bei ihnen leben, können sie komplett freie Wochenenden oder Urlaube für sich nutzen. Dies ist etwas, was vorher nicht möglich war.«
»und er weiß auch (...), wenn er seinen Sohn immer mal zwischendurch nimmt, wenn ich jetzt mal eingeladen bin, (...) dass ich auch wesentlich aufgeschlossener, entspannter bin, weil ich dann nicht diesen ganzen Stress habe. Mich nicht um einen Babysitter kümmern muss, zeitlich nicht eingebunden bin.«
Die getrennten Väter übernehmen dann ihre Verantwortung für die Kinder in vollem Umfang. Sie greifen nicht mehr wie selbstverständlich auf die Mütter als »immer verfügbaren« (...) Rettungsanker in der Not zurück.
Die Mütter begrüßen diese Veränderung des Vaters sehr. Sie denken, dass dieser Schritt vom defizitären Vater zur vollwertigen Erziehungs- und Bezugsperson erst durch die Trennung überhaupt möglich war. Denn erst nach der Trennung konnten die Väter lernen, über mehrere Tage für das Kind alleine zu sorgen.

»Und er hat, glaube ich, auch nicht zu schätzen gewusst, was ich da leiste.«

Die beiden Fallbeispiele zeigen, wie zentral Kommunikationsfähigkeit und Kontrolle der eigenen Emotionen sind, um eine Trennung als positive Veränderung für alle Beteiligten zu gestalten. Die Eltern sind teilweise in »täglichem« Kontakt, alle, das Kind betreffenden Belange werden in »regelmäßigen abendlichen Treffen« besprochen.«[146]

In den kleinen Nebenbemerkungen »immer verfügbar« und »nicht zu schätzen gewusst« zeigt sich jene verfehlte Aufgabenverteilung, die erst nach der Trennung aufgehoben werden konnte. Das ist bitter, aber möglicherweise ein Symptom des gesellschaftlichen Übergangs. Beide Eltern mögen zum Scheitern beigetragen haben – der Vater, in dem er die Mutter nicht entlastete, die Mutter, indem sie möglicherweise nichts an ihn delegieren konnte. Bis zur egalitären Elternschaft sind noch einige Rollen-Muster zu überwinden. Denn vorerst gibt es sie noch, die Abspaltprodukte schlechter Trennungen:

Den Besuchsvater, der seine Kinder nur jedes zweite Wochenende sieht und seine Urlaube lieber mit der neuen Freundin verbringt. Die isolierte Mutter mit Kind als Restbestand einer Kernfamilie. Die eigenmächtige Mutter, die alles für sich allein will, auch das Kind. Den Fluchtvater, der Kind und Frau auf seinem Weg zu sich selbst und in die Welt hinter sich lässt. Die Unterhaltssäumigen, die Verantwortungslosen, die Manipulationsväter und -mütter. Sie alle gehören hoffentlich in wenigen Generationen einer Vergangenheit an, in der die Familie ein ideologisches Schlachtfeld war, auf dem die letzten Kämpfe der Emanzipation ausgetragen wurden. Was es für viele einfacher machte: Man konnte unentwegt über das »Kindeswohl« reden, ohne auch nur einen Finger für die Kinder zu rühren.

Mit Kindern zu leben, sie zu versorgen, für sie da zu sein und den Lebensunterhalt zu bestreiten ist dagegen gnadenlos und wunderbar konkret. So mancher derzeit noch vor allem im Netz aktive Vater wird bei soviel Realität keine Zeit mehr haben, sich in den Kommentarspalten der Webseiten auszuagieren. Ein Regisseur, der wochenlang allein zum Drehen fährt und sich darauf verlässt, dass die Mutter sich um das Kleinkind kümmert, wird sich auf die Suche nach einer Kinderfrau machen müssen. Denn die getrennt von ihm lebende Mutter steht dann vielleicht gerade nicht zur Verfügung. Eine ebenfalls vom Vater ihres Kindes getrennte Regisseurin, die drei Monate im Ausland arbeitet, wird sich in Interviews nicht mehr die Frage stellen lassen müssen, wo denn ihre Tochter während der Dreharbeiten gewesen sei, während der Vater des Kindes, ebenfalls ein vielbeschäftigter Regisseur, sich dazu nie äußern muss. [147] Vielleicht haben manche Väter dann bei gleicher Verteilung der Pflichten plötzlich kein Interesse mehr am derzeit von Väterverbänden so stark proklamierten »Wechselmodell«, bei dem das Kind mal beim einen, mal beim anderen Elternteil lebt – oder erst dann, wenn die Kinder ohnehin eigene Wege gehen.

Modelle sind Hilfskonstruktionen, keine Vorschriften. Das Modell muss zum Kind passen, nicht umgekehrt. Das »Wechselmodell« kann dem einen Kind gut tun, dem anderen nicht. In machen Lebensphasen ist es förderlich, in anderen blockiert es die Entwicklung. Es kann Eltern wechselseitig entlasten, es kann sie aber auch knebeln und zerreißen. Wie eine Finte der Kinder gegen ihre Eltern nimmt sich dagegen das »Nestmodell« aus: Da müssen die Eltern abwechselnd ein- und ausziehen und für die Kinder sorgen, die bleiben, wo sie sind. Das »Nestmodell« – in den USA »Bird-nesting« genannt – könnte sich ein Ornithologe ausgedacht haben – aber was bei Amseln

funktioniert, ist mit den individuelleren Bedürfnissen mensch-
licher Wesen nicht in Einklang zu bringen. Spätestens wenn
neue Partner ins Spiel kommen, wird das Nest-Modell überstrapaziert.

Eines deutet sich bereits an: Alleinerziehende Frauen werden
nicht mehr in dem Maße bereit sein, die Lasten der Kindererziehung alleine zu tragen, wie sie es heute noch tun, vor allem
dann nicht, wenn das Existenz-Risiko für sie dabei zu hoch ist.
Die dramatisch niedrige Geburtenrate in Deutschland ist vielleicht eine Antwort darauf, denn noch immer ist das Dasein
als alleinerziehende Mutter eine Horrorvorstellung für Frauen.
Ganz auf Kinder zu verzichten, weil die Angst, mit dem Kind
allein zu bleiben, zu groß ist: Das ist die traurigste Variante
weiblicher Lebensgestaltung.

In einer aufgeklärten, wohlhabenden Gesellschaft muss es
möglich sein, Kinder allein zu erziehen, ohne dabei materiell und psychisch zu Grunde zu gehen. Möglich ist das in
Deutschland aber nur unter erschwerten Bedingungen, denn
Alleinerziehende werden in Deutschland noch immer nicht
als gleichberechtigte Familie anerkannt. Nicht im Steuerrecht
und nicht in der öffentlichen Wahrnehmung. Eine von alten
Vorurteilen und neuem Konservatismus geprägte Debatte
setzt insbesondere alleinerziehende Frauen herab, bezweifelt
ihre Erziehungsfähigkeit und bringt sie mit einer völlig unzu-
reichenden Infrastruktur der Kinderbetreuung in existenzielle
Bedrängnis.

Der Gesetzgeber hat in den vergangenen Jahren die Prämisse
der »Eigenverantwortung« umgesetzt. Alleinerziehende Frau-
en müssen ihren Lebensunterhalt selbst erwirtschaften. Das
unterscheidet sie von den geschiedenen Müttern der älteren

Generation. Sechzig Prozent der alleinerziehenden Frauen sind in der Lage, selbst für sich und die Kinder zu sorgen. Unter großen Anstrengungen. Denn die Rahmenbedingungen zur Vereinbarkeit von Beruf und Kindererziehung werden nicht im selben Tempo reformiert wie das Familienrecht. Die unterschiedlichen Geschwindigkeiten der Reformprozesse haben Gerechtigkeitslücken entstehen lassen, die vor allem alleinerziehende Mütter deutlich spüren. Damit sie jene Eigenverantwortung, die von ihnen gefordert wird, auch übernehmen können, muss sich vieles sehr zügig ändern.

Meines Erachtens sind folgende Punkte dringend notwendig:

1. Ein Steuersystem, das sich nicht an der Ehe, sondern an den Kindern orientiert.

2. Ein kostenloses Schul- und Kinderbetreuungsangebot, das von der Annahme voll berufstätiger Eltern ausgeht. Die qualifizierte Ganztagsschule hilft allen, auch Kindern, die aus anderen Gründen benachteiligt sind.

3. Eine Kindergrundsicherung, die am realen Bedarf eines Kindes orientiert ist. Die ALG II Regelsätze für Kinder reichen nicht aus.

4. Die Einführung von Mindestlöhnen; Frauen stellen den Großteil der Arbeitnehmer im Niedriglohnbereich.

5. Eine qualifizierte, flexible Kinderbetreuung, die Randzeiten der regulären Kinderbetreuung abdeckt, möglichst ohne langen bürokratischen Vorlauf.

6. Die Förderung von ehrenamtlichem Engagement wie Großelterndiensten, denn die wenigen vorhandenen Dienste weisen lange Wartelisten auf.

7. Die Förderung von bezahlbarem und durchdachtem Wohnraum für Alleinerziehende, um ihre Isolation zu verhindern.

8. Eine an der UN-Kinderrechtskonvention und an den Grundrechten orientierte Regelung von Sorgerechts- und Umgangsstreitigkeiten bei Gerichten und Jugendämtern. Das heißt auch Verzicht auf Zwangsmaßnahmen gegen Kinder – etwa Heimeinweisungen gegen den Willen der Kinder, weil sich die Eltern nicht über das Sorge- oder Umgangsrecht einigen können.

9. Die bessere Integration alleinerziehender Frauen in den Arbeitsmarkt, auch nach längerer Pause. Dass sie erwerbstätig sein müssen wird aufgrund von mangelnder Information über die neue Rechtslage (Unterhaltsreform) oft nicht erkannt. Finanzierung von Umschulungen, wenn der alte Beruf sich nicht oder nur schwer mit der Kindererziehung vereinbaren lässt. Alleinerziehende haben durch ihre Lebenssituation meist soziale, organisatorische und kommunikative Kompetenzen erworben. Dies muss stärker berücksichtigt werden.

10. Flexible Arbeitszeiten für Eltern, egal ob Mutter oder Vater, damit die Bedürfnisse von Kindern besser berücksichtigt werden können.

11. Eine wirksame Verfolgung von Verstößen gegen die Unterhaltspflicht.

12. Eine deutliche Heraufsetzung der Altersgrenze von Kindern, die über das Jugendamt Unterhaltsvorschuss beziehen. Die bisherige Altersgrenze von 12 Jahren stürzt Alleinerziehende und ihre Kinder, die von ausbleibenden oder zu geringen Kindesunterhaltszahlungen betroffen sind, häufig in existenzielle Not.

Bleibt die Diskriminierung, jenes feine Gespinst an Vorurteilen und mal mehr, mal weniger subtilem Ausschluss, den viele Alleinerziehende erleben. Sich mit der eigenen Situation zu versöhnen, ist der beste Schutz gegen Mitleid, Herablassung und falsche Bewunderung. Denn das ist das letzte, was Alleinerziehende brauchen. Sie sind eine Familie, und Familie ist, was man daraus macht.

Anmerkungen

1. Vgl. Statistisches Bundesamt (Hrsg.): Mikrozensus für 2009, Pressekonferenz in Berlin am 29. Juli 2010. Detaillierte Veröffentlichung der Daten etwa in »Mutter und zwei Kinder: Eine ganz normale Familie« von Carolin Brühl und Nina Trentmann, in: Berliner Morgenpost, 30. Juli 2010, in »Zahl der Alleinerziehenden steigt« von Katja Tichomirowa, in: Frankfurter Rundschau, 30. Juli 2010 und in »Alleinerziehen bleibt Frauensache« von Andrea Dernbach, in: Der Tagesspiegel, 30. Juli 2010.
2. »Alleinerziehend – allein gelassen« von Elisabeth Niejahr, in: ZEIT, 4. Juni 2009.
3. Vgl. »Die Hätschelkinder der Nation« von Rainer Hank und Georg Meck, in: Frankfurter Allgemeine Sonntagszeitung, 24. Januar 2010. Darin steht auch der beschönigende Satz: »Immerhin jede zweite erhält den Unterhalt in voller Höhe«.
4. Bude, Heinz: Die Ausgeschlossenen. Das Ende vom Traum einer gerechten Gesellschaft, München: Carl Hanser Verlag 2008, S. 74. Bude bezieht seine Zahlen auf Daten des WZB (Wissenschaftszentrum Berlin) von 2006.
5. Vgl. Verband alleinerziehender Mütter und Väter e.V. (Hrsg.): Klimawandel für Alleinerziehende – Einelternfamilien als Seismographen für Soziale Gerechtigkeit, Dokumentation der VAMV-Fachtagung, 5.-7. Juni 2009 in Kiel, Berlin: VAMV 2009.
6. Vgl. Statistisches Bundesamt (Hrsg.): Mikrozensus für 2009. Detaillierte Veröffentlichung der Daten etwa in »Mutter und zwei Kinder: Eine ganz normale Familie« von Brühl/Trentmann; »Zahl der Alleinerziehenden steigt« von Tichomirowa und »Alleinerziehen bleibt Frauensache« von Dernbach.
7. Vgl. »Alleinerziehen bleibt Frauensache« von Dernbach.
8. Vgl. Statistisches Bundesamt (Hrsg.): Mikrozensus 2009. Dabei unterscheiden sich neue und alte Bundesländer deutlich – in den neuen Bundesländern überwiegt die Zahl der ledigen Alleinerziehenden
9. Auskunft von Prof. Dr. jur. Ludwig Salgo, Rechtsprofessor an der Universität Frankfurt/M., Interview mit der Verfasserin, 7. Juli 2010, siehe auch Kapitel 8.
10. »Allein erziehend, aber nicht allein gelassen« von Nina Bessing, Beitrag auf der Webseite der Friedrich-Ebert-Stiftung, Forum Politik und Gesellschaft, Berlin/Bonn: FES Electronic Ed. 2010.

11. »Alleinerziehend – allein gelassen« von Niejahr.
12. »Die Not der neuen Mütter« von Cathrin Kahlweit, in: Süddeutsche Zeitung, 24./25. April 2010.
13. Vgl. »Mini-Revolution« von epd, in: Süddeutsche Zeitung, 17. August 2010.
14. »Unsere säumigen Väter« von Patrik Schwarz, in: ZEIT, 4. Juni 2009.
15. »Gemeinsam Alleinerziehende« von Julia Franck, in: ZEIT ONLINE, »Umfrage zur Familie«, 1. Juni 2010. Siehe in dieser Umfrage auch »Zehn Sätze, die mir von meinem Vater blieben« von Martin Walser: Besonders interessant scheinen Punkt 8: »Ein guter Vater hat keine Theorie« und Punkt 10: »Ein guter Vater weiß nicht, dass er ein guter Vater ist.«
16. Vgl. »Die verlassenen Macchiato-Mütter« von Julia Niemann, in : Die Tageszeitung, 17./18. Juli 2010.
17. »Die verlassenen Macchiato-Mütter« von Niemann.
18. »Die verlassenen Macchiato-Mütter« von Niemann.
19. »Vater Morgana« von Jana Hensel, in: Zeitmagazin, 30. Dezember 2009. Auf dem Titel der genannten Ausgabe des Zeitmagazins war ein smarter junger Mann abgebildet. Darunter stand die Zeile: »Ich bin immer für mich da«.
20. »Vater Morgana« von Hensel.
21. »Vater mit Heimvorteil« von Christian Nürnberger, in: ZEIT, 13. Mai 2004.
22. »Vater mit Heimvorteil« von Nürnberger.
23. Zitiert nach »Leben ohne Fallnetz« von Petra Ahne, in: Berliner Zeitung, Magazin, 28. Juni 2008.
24. »Unsere säumigen Väter« von Schwarz.
25. Vgl. Dossier über Alleinerziehende in der Zeitschrift Brigitte, 3/2008.
26. Siehe Kommentare zur ZEIT-Umfrage zur Familie (veröffentlicht in ZEIT ONLINE, 1. Juni 2010), URL: www.zeit.de/2010/22/Freud-Umfrage-Vater [abgerufen am 23.11.2010].
27. »Adoptiert alleinerziehende Mütter!« von Henryk M. Broder, in: Der Tagesspiegel, 26. August 2010.
28. Vgl. ARD: Die Tagesschau, 29. Juli 2010, 15 Uhr und 20 Uhr.
29. ARD: Die Tagesschau, 29. Juli 2010.
30. Precht, Richard David: Liebe. Ein unordentliches Gefühl, München: Wilhelm Goldmann Verlag 2010, S. 346.
31. Vgl. Ochs, Mathias/Orban, Rainer: Familie geht auch anders, Carl Auer Verlag: Heidelberg 2008, S. 66.

32. Interessant ist auch das Interview »Meine Landkommune liegt in Berlin« von Jan Freitag mit der Schauspielerin Heike Makatsch, in: Berliner Zeitung, 16. März 2010. Makatsch sagt u. a.: »Ich führe ein privilegiertes Leben mit einem privilegierten Beruf, wo das Frausein nicht hinderlich ist und der selbst mit meiner Mutterschaft gut vereinbar ist. Was meinen Sie mit Benachteiligung: am Arbeitsmarkt, bei den Löhnen, auf der Karriereleiter?«

33. Vgl. Badinter, Elisabeth: Der Konflikt. Die Frau und die Mutter, München: C.H. Beck Verlag 2010. Die französische Originalausgabe mit dem Titel »Le conflit. La femme et la mère« erschien ebenfalls 2010. Badinter beschreibt auch die Abwendung der jungen Frauengeneration vom Feminismus – als Reaktion auf die emanzipierten Mütter, von denen sie sich vernachlässigt gefühlt haben. Ein eher in Frankreich anzutreffendes Phänomen. Denn die Frauen, die in Deutschland heute zwischen 30 und 40 Jahre alt sind, hatten in der Mehrzahl noch Hausfrauen als Mütter.

34. Vgl. Sarrazin, Thilo: Deutschland schafft sich ab. Wie wir unser Land aufs Spiel setzen, München: Deutsche Verlags-Anstalt 2010.

35. Sarrazin: Deutschland schafft sich ab, S. 10.

36. Sarrazin: Deutschland schafft sich ab, S. 375.

37. »Die Hätschelkinder der Nation« von Hank/Meck.

38. »Die Hätschelkinder der Nation« von Hank/Meck.

39. »Die Hätschelkinder der Nation« von Hank/Meck.

40. Sarrazin: Deutschland schafft sich ab, S. 374.

41. Vgl. hierzu Beck-Gernsheim, Elisabeth: Was kommt nach der Familie? Alte Leitbilder und neue Lebensformen, München: C.H. Beck 2010.

42. Ein eindrucksvolles Beispiel der Pathologisierung alleinerziehender Mütter liefert der Kinderpsychiater Horst Petri in seinem Beitrag »Leben ohne Vater. Von der Familienauflösung zur ›Geschlechterdemokratie‹« in: Enzensberger, Hans Magnus/Karsunke, Ingrid/Michel, Karl Markus (Hrsg.) u. a.: Die Väter, Kursbuch, Band 140, Berlin: Rowohlt Berlin 2000, S. 149 – 159, hier S. 155.

43. Petri: »Leben ohne Vater«, S. 155.

44. Sarrazin: Deutschland schafft sich ab, S. 378.

45. Vgl. Gerster, Petra/Nürnberger, Christian: Der Erziehungsnotstand, Berlin: Rowohlt Berlin 2001.

46. Gerster/Nürnberger: Der Erziehungsnotstand, S. 82.

47. Vgl. Schneider, Norbert F./Krüger, Dorothea/Lasch, Vera u. a.: Alleinerziehen – Vielfalt und Dynamik einer Lebensform, Stuttgart/Berlin/Köln: Kohlhammer 2001.

48. Schneider/Krüger/Lasch u. a.: Alleinerziehen – Vielfalt und Dynamik, S. 237 – 238.
49. Vgl. Ochs/Orban: Familie geht auch anders.
50. Vgl. Christian Pfeiffer, Wetzels u. a., zitiert nach Ochs/Orban: Familie geht auch anders, S. 69.
51. Ochs/Orban: Familie geht auch anders, S. 114 – 115.
52. Ochs/Orban: Familie geht auch anders, S. 114.
53. Ochs/Orban: Familie geht auch anders, S. 67 – 69.
54. »Ich habe nie Angst oder Ekel empfunden«, Interview von Christina Bylow mit Gerardo Milsztein, in: Berliner Zeitung, 15. April 2010.
55. Radisch, Iris: Die Schule der Frauen. Wie wir die Familie neu erfinden, München: Wilhelm Goldmann Verlag 2008, S. 83.
56. Radisch, Iris: Die Schule der Frauen, S. 83.
57. Bude: Die Ausgeschlossenen, S. 73.
58. Vgl. Matussek, Matthias: Die vaterlose Gesellschaft. Überfällige Anmerkungen zum Geschlechterkampf, Reinbek: Rowohlt 1998.
59. Vgl. Koidl, Roman Maria: Scheißkerle. Warum es immer die Falschen sind, Hamburg: Hoffmann und Campe 2010.
60. »Adoptiert alleinerziehende Mütter!« von Broder.
61. »Singen oder Schreien – egal! Hauptsache, laut«, Interview von Tina Hildebrandt und Henning Sußebach mit der Hebamme Luise Kaller, in: ZEIT, 30. Dezember 2009.
62. Aus Gründen des Persönlichkeitsschutzes der im folgenden genannten Befragten wurden die Namen und Orte verändert.
63. Vgl. Le Camus, Jean: Väter. Die Bedeutung des Vaters für die psychische Entwicklung des Kindes, Weinheim und Basel: Beltz Verlag 2001. Siehe auch Habeck, Robert: Verwirrte Väter. Oder: Wann ist der Mann ein Mann, Gütersloh: Gütersloher Verlagshaus 2008.
64. Ortgies, Lisa: Heimspiel. Plädoyer für die emanzipierte Familie, München: Deutsche Verlags-Anstalt 2009, S. 25.
65. Ortgies: Heimspiel, S. 28
66. »Die Babyflüsterin«, Interview von Tanja Stelzer mit Erika Wüchner, in: Zeitmagazin, 12. August 2010.
67. Zitiert nach »Die transparente Frau« von Sybille Korte, in: Berliner Zeitung, 28. Dezember 2009. Das Buch von Sylvie Brunel trägt den Originaltitel: »Manuel de guérilla à l' usage des femmes«. Auf deutsch etwa: Guerilla-Handbuch für Frauen,
68. Zitiert nach »Die transparente Frau« von Korte.
69. Zitiert nach »Die transparente Frau« von Korte.

70. Käßmann, Margot: In der Mitte des Lebens. Freiburg im Breisgau: Herder Verlag 2009, S. 53.
71. Ortgies: Heimspiel, S. 28.
72. »Trennungsgrund Kind. Wenn Paare am Elternsein scheitern« von Stefanie Hellge, in: Brigitte 16/2010.
73. »Trennungsgrund Kind« von Hellge (s.o.).
74. Vgl. »Mutterrolle rückwärts« von Bernhard Borgeest, in: Focus Magazin, 17. Mai 2004. Die Titelgeschichte wurde unter der Überschrift »Die Muttierung« angekündigt. Drastisch war auch ein Leserkommentar zum Dokumentarfilm »Babys«.
75. »Mutterrolle rückwärts« von Borgeest.
76. Kommentar von doctorgonzo, August 2010, URL: http://www.moviepilot.de/movies/babys [abgerufen am 23.11.2010].
77. Klüger, Ruth: Unterwegs verloren. Erinnerungen, Wien: Zolnay Verlag 2008, S. 78 – 79.
78. »Das Tollste und seine Tücken« von Henning Sußebach, in: ZEIT, 13. Mai 2004.
79. »Das Tollste und seine Tücken« von Sußebach.
80. »Das Tollste und seine Tücken« von Sußebach.
81. Sveland, Maria: Bitterfotze, Köln: Verlag Kiepenheuer & Witsch 2009, S. 28.
82. Vgl. Ortgies: Heimspiel, S. 122 – 127. Das Zitat aus der Studie von Pia Schober lautet: »Die Analyse von rund 500 Paaren, die zum ersten Mal Eltern wurden, ergibt, dass sich Paare, in denen Mutter und Vater die Verantwortung für Kinderbetreuung teilen, in den ersten fünf Jahren wesentlich seltener trennen als Paare, in denen die Mutter hauptverantwortlich ist.«
83. Badinter: Der Konflikt, S. 146.
84. Badinter: Der Konflikt, S. 146.
85. Badinter: Der Konflikt, S. 149.
86. Badinter: Der Konflikt, S. 152.
87. »Es gibt keine ideale Mutter«, Interview von Christina Bylow mit Elisabeth Badinter, in: Berliner Zeitung, Magazin, 27./28. November 2010.
88. »Es gibt keine ideale Mutter« von Bylow.
89. »Adoptiert alleinerziehende Mütter!« von Broder.
90. Die große Reportage »Die Lieslüge« von Petra Steinberger gehört zu den wenigen Berichten, die sich illusionslos mit der »Patchwork-Familie« beschäftigen. Untertitel: »Patchwork ist das Zauberwort für die Herausforderung, aus getrennten Familien neue Familien zu ma-

chen. Doch das vermeintliche Modell der Zukunft fordert viel mehr Opfer als gedacht.« In: Süddeutsche Zeitung, 24./25./26./27. Dezember 2009.

91. Precht: Liebe. Ein unordentliches Gefühl, S. 358.
92. Vgl. Bude: Die Ausgeschlossenen, S. 83.
93. Vgl. Bude: Die Ausgeschlossenen, S. 83.
94. Das Urteil wird zitiert in »Papas Pflichtstunde« von Esther Caspary, Fachanwältin für Familienrecht in Berlin, in: Frankfurter Allgemeine Sonntagszeitung, 28. Dezember 2008.
95. Vgl. Radisch: Die Schule der Frauen, S. 60.
96. Vgl. Schneider/Krüger/Lasch u. a.: Alleinerziehen – Vielfalt und Dynamik.
97. Die neuen, nicht mehr verfügbaren Großmütter sind beschrieben bei Beck-Gernsheim: Was kommt nach der Familie? und in meinem Buch Generation Großmutter. 18 Porträts eigenwilliger Frauen, München: Knesebeck Verlag 2007.
98. Vgl. Bachmann, Cordula/Kauffmann, Brigitta/Tewinkel, Christiane: Das kleine Schwarze. Handbuch für die Frau, Köln: DuMont Buchverlag 2009.
99. Bachmann/Kauffmann/Tewinkel: Das kleine Schwarze, S. 226.
100. Gespräch mit Dr. Martina Krause am 25. Mai 2010 in der Geschäftsstelle Berlin, Prenzlauer Berg, Rudolf-Schwarz-Str. 29/31. Eine gute Quelle für das Selbstverständnis Alleinerziehender in der DDR und die Verwerfungen danach ist das SHIA Journal für Alleinerziehende von März 1995.
101. Vgl. ARD: Tatort, Folge »Schmale Schultern«, Erstausstrahlung: Sonntag 12.09.2010. Regie: Christoph Schnee. Buch: Stephan Wuschansky, Ulrich Brandt, Jürgen Werner. Mit Nina Petri, Klaus J. Behrendt, Dietmar Bär u. a.
102. Vgl. »Gebrauchtfrauen« von Julia Karnick, in: Brigitte 2/2009.
103. »Gebrauchtfrauen« von Karnick.
104. Vgl. Sennett, Richard: Respekt im Zeitalter der Ungleichheit, Berlin: Berlin Verlag 2002.
105. Vgl. Sennett: Respekt im Zeitalter der Ungleichheit, S. 34.
106. Notz, Gisela: »Armut hat viele Gesichter – Was Kinder und Frauen (und oft auch Männer) arm macht«, in: Verband alleinerziehender Mütter und Väter e.V. (Hrsg.): Klimawandel für Alleinerziehende – Einelternfamilien als Seismographen für Soziale Gerechtigkeit, Dokumentation der VAMV-Fachtagung, 5.-7. Juni 2009 in Kiel, Berlin: VAMV 2009, S. 8 – 19, hier S. 13.

107. Notz:»Armut hat viele Gesichter«, S. 13.
108. »Zu viel Hilfe« von Elisabeth Niejahr, in: ZEIT, 7. Oktober 2010.
109. »Mehr Reiche, mehr Arme« von dpa, in: ZEIT ONLINE, 15. Juni 2010. Unter dem Titel:»Leben wir in einem gerechten Land« widmete sich das gesamte Magazin der Süddeutschen Zeitung vom 19. Juni 2009 dieser Frage.
110. »Die Not der neuen Mütter« von Kahlweit.
111. Vgl.»Alleinerziehend – allein gelassen« von Niejahr.
112. »Alleinerziehend« von Astrid Joosten und Eva Meschede, in Brigitte, 3/2008.
113. Zitiert nach»Alleinerziehend« von Joosten und Meschede.
114. »Ganztagsjob, zwei Kinder, kein Mann« von Christoph Cadenbach, in: Süddeutsche Zeitung, Magazin, 19. März 2010.
115. »Ganztagsjob, zwei Kinder, kein Mann« von Cadenbach.
116. »Ganztagsjob, zwei Kinder, kein Mann« von Cadenbach.
117. Angaben nach»Alleinerziehend – allein gelassen« von Niejahr.
118. Zitiert nach Friedrich-Ebert-Stiftung (Hrsg.): FES-INFO 1/2010, Bonn: FES 2010, S. 14.
119. »Väter nicht an den Pranger stellen«, Interview von Elisabeth Niejahr mit Hans Bertram, in: ZEIT, 12. April 2006.
120. Notz:»Armut hat viele Gesichter«, S. 13.
121. Elisabeth Küppers, Projektleiterin beim Berliner Landesverband vom Verband alleinerziehender Mütter und Väter (VAMV) schilderte die Lage eindringlich im Interview mit Nina Trentmann von der Berliner Morgenpost vom 30. Juli 2010 unter dem Titel:»In Berlin fehlen flexible Betreuungsmodelle«. Zu den Tagesmüttern sagt sie:»Es gibt auch die Gutscheine, nur können die Alleinerziehenden in den allermeisten Fällen wenig damit anfangen: Sie finden keine Tagesmutter, die für das Geld arbeitet. Die Bezahlung ist deutlich zu niedrig angesetzt. Also müssen die Mütter und Väter endlos suchen, was aufgrund der vielen Aufgaben, die an so einem Tag zu bewältigen sind, nicht zu leisten ist. Wenn Sie mit dem Gutschein nach einer Tagesmutter für nur ein Kind suchen, haben Sie es noch schwerer, weil die Tagesmutter noch weniger verdient.«
122. »Zu wem gehören die Kinder?«, Interview von Birgit Walter mit Ludwig Salgo, in: Berliner Zeitung, Magazin, 30. Juni 2007.
123. Zahlen nach»Trennungskinder« von Birgit Walter, in: Berliner Zeitung, 5. Februar 2010. Birgit Walter hat wiederholt über Sorgerechts-Fälle und absurde Gerichtsentscheidungen berichtet. Etwa am 30. Juni 2007 in der Berliner Zeitung, Magazin, unter dem Titel

»Zu wem gehört das Kind?« – hier im Zusammenhang mit einem Interview mit dem Rechtswissenschaftler Prof. Dr. Ludwig Salgo.

124. Vgl. »Zu wem gehören die Kinder?« von Walter.
125. Zitiert nach »Zu wem gehören die Kinder?« von Walter.
126. Vgl. »Woran erkennt man die Wahrheit? Porträt einer Gerichtsgutachterin« von Christina Bylow, in: Brigitte 7/2008.
127. Zitiert nach »Mehr Rechte für unverheiratete Väter« von ddp, in: WELT ONLINE, 4. August 2010.
128. Vgl. VAMV (Hrsg.): »Grund zur Sorge: Leutheusser-Schnarrenberger plant Reform des Sorgerechts für Nichtverheiratete«, Pressemitteilung, 28. Juli 2010. Die Familienrechtsanwältin und VAMV-Vorsitzende Edith Schwab wird zitiert: »Alleinerziehenden Müttern und damit auch ihren Säuglingen würde durch diese Gesetzesänderungen zusätzlicher und unnötiger Stress zugemutet. Artikel 6 Absatz 4 des Grundgesetzes, welches jeder Mutter einen Anspruch zugesteht auf Schutz der Gemeinschaft, wird konterkariert. (…) In dieser oft belastenden Situation kann das alleinige Sorgerecht die bessere Alternative sein und für die nötige Ruhe, vor allem für die Kinder, sorgen.«
129. Zitiert nach »Keine Rechte ohne Pflichten!«, Verfasser nicht genannt, in: EMMA, Herbst 2010.
130. Zitiert nach »Keine Rechte ohne Pflichten!«, Verfasser nicht genannt.
131. Zitiert nach »Keine Rechte ohne Pflichten!«, Verfasser nicht genannt.
132. VAMV (Hrsg.): »Gemeinsame Sorge zum Wohl des Kindes?«, Pressemitteilung, 4. August 2010.
133. Vgl. »Mehr Rechte für ledige Väter« von Friedrich Schmidt, in: FAZ. NET, 3. August 2010.
134. Kompakter Zwischenbericht zum Forschungsvorhaben »Gemeinsames Sorgerecht nicht miteinander verheirateter Eltern« von Dr. Karin Jurczyk, Maria Burschel (DJI), Prof. Dr. Sabine Walper, Alexandra Langmeyer (LMU), Dr. Thomas Meysen, Dr. Nina Trunk, Dr. Claudia Schmidt, Diana Eschelbach (DIJUF), München: 31. Mai 2010, in Auftrag gegeben vom Bundesjustizministerium, Durchführung des Projekts im Zeitraum 1. Mai 2009 bis 31. Mai 2010, unveröffentlicht, S. 4.
135. Jurczyk/Burschel/Walper u. a.: Kompakter Zwischenbericht, S. 55.
136. Jurczyk/Burschel/Walper u. a.: Kompakter Zwischenbericht, S. 55 – 56.

137. Welser, Maria von: Leben im Teufelskreis. Kinderarmut in Deutschland – und keiner sieht hin, Gütersloh: Gütersloher Verlagshaus
2009, S. 147.

138. Prof. Dr. Ludwig Salgo, Interview mit der Verfasserin, 7. Juli 2010.

139. Eindringlich beschrieben in:»Trennungskinder« von Walter.

140. Vgl.»Frauenhäuser: Helfer in Not« von Anne Backhaus, in: Spiegel
Online, 2. November 2010.

141. Vgl. Bundesministerium für Familie, Senioren, Frauen und Jugend
(Hrsg.): Lebenssituation, Sicherheit und Gesundheit von Frauen in
Deutschland, Berlin: BMFSFJ 2004.

142. Flügge, Sibylla:»Das Kindeswohl im Spannungsfeld unterschiedlicher Interessen von Mutter und Vater«, in: Verband alleinerziehender Mütter und Väter (VAMV): Wohl wollen reicht nicht – Neue
Perspektiven aus Forschung und Praxis, Berlin: VAMV 2008, S. 38 –
47, hier S. 45.

143. Vgl. Flügge:»Das Kindeswohl im Spannungsfeld unterschiedlicher
Interessen von Mutter und Vater«, S. 45.

144. Darüber informierte auch ein Themenabend von arte am 22. März
2005 mit dem Titel:»Wenn Väter sich rächen«. In der darin ent-
haltenen Dokumentation»In Nomine Patris – die Interessen der
Väterbewegung« wurde deutlich, wie sehr das Bestreben, Kontrolle
über die Exfrauen zu erlangen bei manchen Vätergruppen über dem
proklamierten»Kindeswohl« steht. Über den rechtskonservativen
Maskulismus solcher und anderer Männer-Gruppierungen finden
sich auch Hinweise in einer Expertise der Friedrich-Ebert-Stiftung:
Gesterkamp, Thomas: Geschlechterkampf von rechts. Wie Männerrechtler und Familienfundamentalisten sich gegen das Feindbild Feminismus radikalisieren, Bonn: FES 2010.

145. Vgl.»Gemeinsam Alleinerziehende« von Franck.

146. Vgl. Jurczyk/Burschel/Walper u. a.: Kompakter Zwischenbericht,
S. 47.

147. Beide Beispiele sind real: Vgl.»Kontrollierte Leidenschaft«, Interview von Christina Bylow mit Maria Schrader, in: Berliner Zeitung,
Magazin, 10. November 2007 und»Ich kann nicht aufhören, Papa zu
sein«, Interview von Christina Bylow, Marc Hairapetian und Mark
Obert mit Douglas Wolfsperger, in: Frankfurter Rundschau, 13. Juni
2009.

Literatur

Bachmann, Cordula/Kauffmann, Brigitta/Tewinkel, Christiane: Das kleine Schwarze. Handbuch für die Frau. Köln: DuMont Buchverlag 2009.

Badinter, Elisabeth: Der Konflikt. Die Frau und die Mutter. Übersetzt aus dem Französischen von Ursula Held und Stephanie Singh. München: C.H. Beck Verlag 2010. [Originalausgabe: Badinter, Elisabeth: Le conflit. La femme et la mère. Paris: Flammarion 2010.]

Beck-Gernsheim, Elisabeth: Was kommt nach der Familie? Alte Leitbilder und neue Lebensformen. 3. überarbeitete und erweitere Auflage. München: C.H. Beck 2010. [Erstausgabe: Beck-Gernsheim, Elisabeht: Was kommt nach der Familie? Alte Leitbilder und neue Lebensformen. München: C.H. Beck 1998.]

Bude, Heinz: Die Ausgeschlossenen. Das Ende vom Traum einer gerechten Gesellschaft. München: Carl Hanser Verlag 2008.

Bundesministerium für Familie, Senioren, Frauen und Jugend (Hrsg.): Lebenssituation, Sicherheit und Gesundheit von Frauen in Deutschland. Berlin: BMFSFJ 2004.

Bylow, Christina: Generation Großmutter. 18 Porträts eigenwilliger Frauen. München: Knesebeck Verlag 2007.

Flügge, Sibylla: »Das Kindeswohl im Spannungsfeld unterschiedlicher Interessen von Mutter und Vater«. In: Verband alleinerziehender Mütter und Väter e.V. (VAMV): Wohl wollen reicht nicht – Neue Perspektiven aus Forschung und Praxis, Berlin: VAMV 2008. S. 38 – 47.

Friedrich-Ebert-Stiftung (Hrsg.): FES-INFO 1/2010. Bonn: FES 2010.

Gerster, Petra/Nürnberger, Christian: Der Erziehungsnotstand. Berlin: Rowohlt Berlin 2001.

Gesterkamp, Thomas: Geschlechterkampf von rechts. Wie Männerrechtler und Familienfundamentalisten sich gegen das Feindbild Feminismus radikalisieren. Expertise der Friedrich-Ebert-Stiftung. Herausgegeben von der Abteilung Wirtschafts- und Sozialpolitik. Bonn: FES 2010.

Habeck, Robert: Verwirrte Väter. Oder: Wann ist der Mann ein Mann. Gütersloh: Gütersloher Verlagshaus 2008.

Käßmann, Margot: In der Mitte des Lebens. Freiburg im Breisgau: Herder Verlag 2009.

Koidl, Roman Maria: Scheißkerle. Warum es immer die Falschen sind. Hamburg: Hoffmann und Campe 2010.

Klüger, Ruth: Unterwegs verloren. Erinnerungen. Wien: Zolnay Verlag 2008.

Le Camus, Jean: Väter. Die Bedeutung des Vaters für die psychische Entwicklung des Kindes. Übersetzt aus dem Französischen von Christiane Landgrebe. Weinheim und Basel: Beltz Verlag 2001. [Originalausgabe: Le Camus, Jean: Le vrai rôle du père. Paris: Éditions Odile Jacob 2000.]

Matussek, Matthias: Die vaterlose Gesellschaft. Überfällige Anmerkungen zum Geschlechterkampf. Reinbek: Rowohlt 1998.

Notz, Gisela: »Armut hat viele Gesichter – Was Kinder und Frauen (und oft auch Männer) arm macht«. In: Verband alleinerziehender Mütter und Väter e.V. (Hrsg.): Klimawandel für Alleinerziehende – Einelternfamilien als Seismographen für Soziale Gerechtigkeit, Dokumentation der VAMV-Fachtagung, 5.-7. Juni 2009 in Kiel. Berlin: VAMV 2009. S. 8 – 19.

Ochs, Mathias/Orban, Rainer: Familie geht auch anders. Wie Alleinerziehende, Scheidungskinder und Patchworkfamilien glücklich werden. Carl Auer Verlag: Heidelberg 2008.

Ortgies, Lisa: Heimspiel. Plädoyer für die emanzipierte Familie. München: Deutsche Verlags-Anstalt 2009.

Petri, Horst:»Leben ohne Vater. Von der Familienauflösung zur ›Geschlechterdemokratie‹«. In: Enzensberger, Hans Magnus/Karsunke, Ingrid/Michel, Karl Markus/Spengler, Tilman (Hrsg.): Die Väter. Kursbuch. Band 140. Berlin: Rowohlt 2000. S. 149–159.

Precht, Richard David: Liebe. Ein unordentliches Gefühl. Taschenbuchausgabe. München: Wilhelm Goldmann Verlag 2010. [Erstausgabe: Precht, Richard David: Liebe. Ein unordentliches Gefühl. Wilhelm Goldmann Verlag 2009.]

Radisch, Iris: Die Schule der Frauen. Wie wir die Familie neu erfinden. Taschenbuchausgabe. München: Wilhelm Goldmann Verlag 2008. [Erstausgabe: Radisch, Iris: Die Schule der Frauen. Wie wir die Familie neu erfinden. München: Deutsche Verlags-Anstalt 2007.]

Sarrazin, Thilo: Deutschland schafft sich ab. Wie wir unser Land aufs Spiel setzen. München: Deutsche Verlags-Anstalt 2010

Schneider, Norbert F./Krüger, Dorothea/Lasch, Vera/Limmer, Ruth/Matthias-Bleck, Heike: Alleinerziehen – Vielfalt und Dynamik einer Lebensform. Herausgegeben vom Bundesministerium für Familie, Senioren, Frauen und Jugend. Stuttgart/Berlin/Köln: Kohlhammer 2001.

Sennett, Richard: Respekt im Zeitalter der Ungleichheit. Berlin: Berlin Verlag 2002. [Originalausgabe: Sennett, Richard: Respect in a World of Unequality. New York: W.W.Norton 2002.]

Sveland, Maria: Bitterfotze. Übersetzt aus dem Schwedischen von Regine Elsässer. Köln: Verlag Kiepenheuer & Witsch 2009. [Originalausgabe: Sveland, Maria: Bitterfittan. Stockholm: Norstedts 2007.]

Verband alleinerziehender Mütter und Väter e.V. (Hrsg.): Klimawandel für Alleinerziehende – Einelternfamilien als Seismographen für Soziale Gerechtigkeit. Dokumentation der VAMV-Fachtagung, 5.-7. Juni 2009 in Kiel. Berlin: VAMV 2009.

Welser, Maria von: Leben im Teufelskreis. Kinderarmut in Deutschland – und keiner sieht hin. Gütersloh: Gütersloher Verlagshaus 2009.

Quellen

Jurczyk, Karin/Burschel, Maria (Deutsches Jugendinstitut)/ Walper, Sabine/Langmeyer, Alexandra (Ludwig-Maximilians-Universität München)/Meysen, Thomas/Trunk, Nina/ Schmidt, Claudia/Eschelbach, Diana (Deutsches Institut für Jugendhilfe und Familienrecht): Kompakter Zwischenbericht zum Forschungsvorhaben »Gemeinsames Sorgerecht nicht miteinander verheirateter Eltern«. München: 31. Mai 2010. In Auftrag gegeben vom Bundesjustizministerium. Durchführung des Projekts im Zeitraum 1. Mai 2009 bis 31. Mai 2010. Unveröffentlicht.

Statistisches Bundesamt (Hrsg.): Mikrozensus für 2009.

Zeitungsartikel

Ahne, Petra: »Leben ohne Fallnetz«. In: Berliner Zeitung, Magazin, 28. Juni 2008.

Borgeest, Bernhard: »Mutterrolle rückwärts«. In: Focus Magazin, 17. Mai 2004.

Brigitte: Dossier über Alleinerziehende. In: Brigitte, 3/2008.

Broder, Henryk M.: »Adoptiert alleinerziehende Mütter!«. In: Der Tagesspiegel, 26. August 2010.

Brühl, Carolin/Trentmann, Nina: »Mutter und zwei Kinder: Eine ganz normale Familie«. In: Berliner Morgenpost, 30. Juli 2010.

Bylow, Christina: »Kontrollierte Leidenschaft«. Interview mit Maria Schrader. In: Berliner Zeitung, Magazin, 10. November 2007.

Bylow, Christina: »Woran erkennt man die Wahrheit? Porträt einer Gerichtsgutachterin«. In: Brigitte 7/2008.

Bylow, Christina/Hairapetian, Marc/Obert, Mark: »Ich kann nicht aufhören, Papa zu sein«. Interview mit Douglas Wolfsperger. In: Frankfurter Rundschau, 13. Juni 2009.

Bylow, Christina: »Ich habe nie Angst oder Ekel empfunden«. Interview mit Gerardo Milsztein. In: Berliner Zeitung, 15. April 2010.

Bylow, Christina: »Es gibt keine ideale Mutter«. Interview mit Elisabeth Badinter. In: Berliner Zeitung, Magazin, 27./28. November 2010.

Cadenbach, Christoph: »Ganztagsjob, zwei Kinder, kein Mann«. In: Süddeutsche Zeitung, Magazin, 19. März 2010.

Caspary, Esther: »Papas Pflichtstunde«. In: Frankfurter Allgemeine Sonntagszeitung, 28. Dezember 2008.

Dernbach, Andrea: »Alleinerziehen bleibt Frauensache«. In: Der Tagesspiegel, 30. Juli 2010.

EMMA: »Keine Rechte ohne Pflichten!«. Verfasser nicht genannt. In: EMMA, Herbst 2010.

epd: »Mini-Revolution«. In: Süddeutsche Zeitung, 17. August 2010.

Freitag, Jan: »Meine Landkommune liegt in Berlin«. Interview mit Heike Makatsch. In: Berliner Zeitung, 16.März 2010.

Hank, Rainer/Meck, Georg: »Die Hätschelkinder der Nation«. In: Frankfurter Allgemeine Sonntagszeitung, 24. Januar 2010.

Hellge, Stefanie: »Trennungsgrund Kind. Wenn Paare am Elternsein scheitern«. In: Brigitte 16/2010.

Hensel, Jana: »Vater Morgana«. In: Zeitmagazin, 30. Dezember 2009.

Hildebrandt, Tina/Sußebach, Henning: »Singen oder Schreien – egal! Hauptsache, laut«. Interview mit Luise Kaller. In: ZEIT, 30. Dezember 2009.

Joosten, Astrid/Meschede, Eva: »Alleinerziehend«. In: Brigitte, 3/2008.

Kahlweit, Cathrin: »Die Not der neuen Mütter«. In: Süddeutsche Zeitung, 24./25. April 2010.

Karnick, Julia: »Gebrauchtfrauen«. In: Brigitte 2/2009.

Korte, Sybille: »Die transparente Frau«. In: Berliner Zeitung, 28. Dezember 2009.

Niejahr, Elisabeth: »Väter nicht an den Pranger stellen«. Interview mit Hans Betram. In: ZEIT, 12. April 2006.

Niejahr, Elisabeth: »Alleinerziehend – allein gelassen«. In: ZEIT, 4. Juni 2009.

Niejahr, Elisabeth: »Zu viel Hilfe«. In: ZEIT, 7. Oktober 2010.

Niemann, Julia: »Die verlassenen Macchiato-Mütter«. In: Die Tageszeitung, 17./18. Juli 2010.

Nürnberger, Christian: »Vater mit Heimvorteil«. In: ZEIT, 13. Mai 2004.

Schwarz, Patrik: »Unsere säumigen Väter«. In: ZEIT, 4. Juni 2009.

Steinberger, Petra: »Die Liebeslüge«. In: Süddeutsche Zeitung, 24./25./26./27. Dezember 2009.

Stelzer, Tanja: »Die Babyflüsterin«. Interview mit Erika Wüchner. In: Zeitmagazin, 12. August 2010.

Sußebach, Henning: »Das Tollste und seine Tücken«. In: ZEIT, 13. Mai 2004.

Tichomirowa, Katja: »Zahl der Alleinerziehenden steigt«. In: Frankfurter Rundschau, 30. Juli 2010.

Trentmann, Nina:»In Berlin fehlen flexible Betreuungsmodelle«. Interview mit Elisabeht Küppers. In: Berliner Zeitung, 30. Juli 2010.

Walter, Birgit:»Zu wem gehören die Kinder?«. Interview mit Ludwig Salgo. In: Berliner Zeitung, Magazin, 30. Juni 2007.

Walter, Birgit:»Trennungskinder«. In: Berliner Zeitung, 5. Februar 2010.

Dokumente

ARD: Die Tagesschau, 29. Juli 2010, 15 Uhr und 20 Uhr.

ARD: Tatort. Folge »Schmale Schultern«. Erstausstrahlung: Sonntag 12.09.2010. Regie: Christoph Schnee. Buch: Stephan Wuschansky, Ulrich Brandt, Jürgen Werner. Mit Nina Petri, Klaus J. Behrendt, Dietmar Bär u. a.

arte: Themenabend »Wenn Väter sich rächen«, 22. März 2005.

Online-Quellen

Backhaus, Anne:»Frauenhäuser: Helfer in Not«. In: Spiegel Online, 2. November 2010. URL: http://www.spiegel.de/panorama/gesellschaft/0,1518,724623,00.html [abgerufen am 23.11.2010].

Bessing, Nina:»Allein erziehend, aber nicht allein gelassen? Anforderungen an eine moderne Politik für die Ein-Eltern-Familie. Konferenz am 10. Februar 2010«. Beitrag auf der Webseite der Friedrich, Ebert-Stiftung, Forum Politik und Gesellschaft. Berlin/Bonn: FES Electronic ed. 2010. URL: www.fes.de/forumpug [abgerufen am 23.11.2010].

ddp:»Mehr Rechte für unverheiratete Väter«. In: WELT ONLINE, 4. August 2010. URL: http://www.welt.de/die-welt/politik/article8807891/Mehr-Rechte-fuer-unverheiratete-Vaeter.html [abgerufen am 23.11.2010].

dpa: »Mehr Reiche, mehr Arme«. In: ZEIT ONLINE, 15. Juni 2010. URL: www.zeit.de/wirtschaft/2010-06/studie-sparpaket-mittelschicht [abgerufen am 23.11.2010].

Franck, Julia: »Gemeinsam Alleinerziehende«. In: ZEIT ON-LINE, »Umfrage zur Familie«, 1. Juni 2010. URL: www. zeit.de/2010/22/Freud-Umfrage-Vater [abgerufen am 23.11.2010].

Schmidt, Friedrich: »Mehr Rechte für ledige Väter«. In: FAZ. NET, 3. August 2010. URL: http://www.faz.net/s/Rub-594835B672714A1DB1A121534F010EE1/Doc~ECD0674D 56D2B4115B809830CFA73B744~ATpl~Ecommon~Sconte nt.html [abgerufen am 23.11.2010].

VAMV (Hrsg.): »Grund zur Sorge: Leutheusser-Schnarrenberger plant Reform des Sorgerechts für Nichtverheiratete«. Pressemitteilung. 28. Juli 2010. URL: http://www.vamv.de/ presse/pressemitteilungen/browse/1/article/grund-zur-sorge-leutheusser-schnarrenberger-plant-reform-des-sorgerechts-fuer-nichtverheiratete.html?tx_ttnews[backPid]= 24&cHash=b72e2e50ba [abgerufen am 23.11.2010].

VAMV (Hrsg.): »Gemeinsame Sorge zum Wohl des Kindes?«. Pressemitteilung. 4. August 2010. URL: http://www.vamv. de/presse/pressemitteilungen/article/gemeinsame-sorge-zum-wohl-des-kindes.html?tx_ttnews[backPid]=24&cHas h=45257fb2f6 [abgerufen am 23.11.2010].

Walser, Martin: »Zehn Sätze, die mir von meinem Vater blieben«. In: ZEIT ONLINE, »Umfrage zur Familie«, 1. Juni 2010. URL: www.zeit.de/2010/22/Freud-Umfrage-Vater [abgerufen am 23.11.2010].

Dank

Ich danke allen, die mich während der Arbeit an diesem Buch beraten, unterstützt und angeregt haben:
Susan Bindermann, Sigrid Bubolz-Friesenhahn, Minna Bylow-Schiele, Dr. Dagmar Deuring, Daniela Dräger, Christel Gehrmann, Gudrun Hebel, Barbara Hömberg, Dr. Karin Jurczyk, Dr. Martin Kaluza, Dr. Martina Krause, Manfred Kriener, Elisabeth Küppers, Dr. Katrin Lange, Peggi Liebisch, Anke Mende, Michaela Miehlich, Christiane Radtke, Amira Rifai, Katrin Ritte, Prof. Dr. Ludwig Salgo, Andrea Scheider, Dr. Gotthard Schulte-Tigges, Kristina Vaillant, Christine Vogler, Birgit Walter, Berit Wenk — und allen Gesprächspartnern und -partnerinnen, die Auskunft über ihr Leben gaben. Ohne ihre Offenheit wäre dieses Buch nicht zustande gekommen.

Christina Bylow

Bibliografische Information der Deutschen Nationalbibliothek

Die Deutsche Nationalbibliothek verzeichnet diese Publikation
in der Deutschen Nationalbibliografie; detaillierte bibliografische
Daten sind im Internet über http://dnb.d-nb.de abrufbar.

Aus Gründen des Persönlichkeitsschutzes wurden die meisten Interview-
partner anonymisiert. Die genannten Vornamen und die Abkürzung des
Familiennamens entsprechen nicht den amtlichen Namen. Ortsangaben,
Geschlecht und Alter der Kinder wurden zum Schutz der Befragten und
ihrer Familien teilweise geändert.

MIX
Papier aus ver-
antwortungsvollen
Quellen
FSC® C005833

Verlagsgruppe Random House FSC-DEU-0100
Das für dieses Buch verwendete FSC-zertifizierte
Papier *Munken Premium Cream* liefert
Arctic Paper Munkedals AB, Schweden.

1. Auflage
Copyright © 2011 by Gütersloher Verlagshaus, Gütersloh,
in der Verlagsgruppe Random House GmbH, München

Covermotiv: © Helmut Niklas – Fotolia.com
Druck und Einband: Těšínská tiskárna, a.s., Český Těšín
Printed in Czech Republic
ISBN 978-3-579-06751-3

www.gtvh.de